Dieser Band enthält – links englisch, rechts deutsch – sieben Kurzgeschichten von großen amerikanischen Erzählern der ersten Jahrhunderthälfte: Sherwood Anderson (1876–1941), Thornton Wilder (* 1897–1975), William Saroyan (* 1908), John Steinbeck (1902–1968), Erskine Caldwell (* 1903), William Faulkner (1897–1962), James Thurber (1894–1961).

dtv zweisprachig · Edition Langewiesche-Brandt

AMERICAN SHORT STORIES 1

AMERIKANISCHE KURZGESCHICHTEN 1

Übersetzung: Maria von Schweinitz

dtv

Deutscher Taschenbuch Verlag

Deutscher Taschenbuch Verlag GmbH & Co. KG München
77.–80. Tausend August 1982

Umschlaggestaltung: Celestino Piatti
Gesamtherstellung: Kösel, Kempten
Printed in Germany. ISBN 3-423-09003-0

Sherwood Anderson
The Untold Lie · Die unterlassene Lüge 6 · 7

Thornton Wilder
The Warship · Das Kriegsschiff 22 · 23

William Saroyan
The Third Day after Christmas · Am dritten Tag nach Weihnachten 32 · 33

John Steinbeck
The Murder · Der Mord 56 · 57

Erskine Caldwell
Daughter · Die Tochter 88 · 89

William Faulkner
A Rose for Emily · Eine Rose für Emilia 102 · 103

James Thurber
The Departure of Emma Inch · Die Abreise von Emma Inch 128 · 129

Sherwood Anderson

The Untold Lie

Ray Pearson and Hal Winters were farm hands employed on a farm three miles north of Winesburg. On Saturday afternoons they came into town and wandered about through the streets with other fellows from the country.

Ray was a quiet, rather nervous man of perhaps fifty with a brown beard and shoulders rounded by too much and too hard labor. In his nature he was as unlike Hal Winters as two men can be unlike.

Ray was an altogether serious man and had a little sharp-featured wife who had also a sharp voice. The two, with half a dozen thin-legged children, lived in a tumble-down frame house beside a creek at the back end of the Wills farm where Ray was employed.

Hal Winters, his fellow employee, was a young fellow. He was not of the Ned Winters family, who were very respectable people in Winesburg, but was one of the three sons of the old man called Windpeter Winters who had a sawmill near Unionville, six miles away, and who was looked upon by everyone in Winesburg as a confirmed old reprobate.

People from the part of Northern Ohio in which Winesburg lies will remember old Windpeter by his unusual and tragic death. He got drunk one evening in town and started to drive home to Unionville along the railroad tracks. Henry Brattenburg, the butcher, who lived out that way, stopped him at the edge of

Sherwood Anderson
Die unterlassene Lüge

Ray Pearson und Hal Winters waren Landarbeiter, die auf einer Farm drei Meilen nördlich von Winesburg beschäftigt waren. Jeden Samstagnachmittag kamen sie zur Stadt und schlenderten mit andern Burschen vom Lande durch die Straßen.

Ray war ein ruhiger, ziemlich sehniger Mann von vielleicht fünfzig Jahren, mit braunem Bart und Schultern, die von zu vieler und zu schwerer Arbeit gerundet waren. Charakterlich war er so verschieden von Hal Winters, wie zwei Menschen nur verschieden sein können.

Ray war ein völlig ernster Mann und hatte eine kleine Frau mit scharfen Zügen, die auch eine scharfe Stimme hatte. Die beiden wohnten mit einem halben Dutzend dünnbeiniger Kinder in einem baufälligen Fachwerkhaus am Rande eines Baches, am hinteren Ende der Wills-Farm, wo Ray beschäftigt war.

Hal Winters, der mit ihm zusammen arbeitete, war ein junger Bursche. Er gehörte nicht zur Familie Ned Winters, sehr angesehenen Leuten in Winesburg, sondern war einer der drei Söhne des alten Mannes, den man den ‹Windpeter Winters› nannte, der sechs Meilen entfernt eine Sägemühle bei Unionville besaß und in ganz Winesburg als verstockter alter Sünder galt.

In Nord-Ohio, in der Gegend von Winesburg, erinnert man sich noch an den alten Windpeter, und zwar wegen seines ungewöhnlichen und tragischen Todes. Er betrank sich eines Abends in der Stadt und trat dann die Heimfahrt nach Unionville längs der Eisenbahnschienen an. Henry Brattenburg, der Metzger, der dort draußen wohnte, hielt ihn an der Stadtgrenze

the town and told him he was sure to meet the down train, but Windpeter slashed at him with his whip and drove on. When the train struck and killed him and his two horses a farmer and his wife who were driving home along a nearby road saw the accident. They said that old Windpeter stood up on the seat of his wagon, raving and swearing at the onrushing locomotive, and that he fairly screamed with delight when the team, maddened by his incessant slashing at them, rushed straight ahead to certain death. Boys like young George Willard and Seth Richmond will remember the incident quite vividly because, although everyone in our town said that the old man would go straight to hell and that the community was better off without him, they had a secret conviction that he knew what he was doing and admired his foolish courage. Most boys have seasons of wishing they could die gloriously instead of just being grocery clerks and going on with their humdrum lives.

But this is not the story of Windpeter Winters nor yet of his son Hal who worked on the Wills farm with Ray Pearson. It is Ray's story. It will, however, be necessary to talk a little of young Hal so that you will get into the spirit of it.

Hal was a bad one. Everyone said that. There were three of the Winters boys in that family, John, Hal, and Edward, all broad-shouldered big fellows like old Windpeter himself and all fighters and woman-chasers and generally all-round bad ones.

Hal was the worst of the lot and always up to some devilment. He once stole a load of boards from his father's mill and sold them in Winesburg. With the money he bought himself a suit of cheap, flashy clothes. Then he got drunk and when his father came

auf und warnte ihn: er würde bestimmt dem zur Stadt fahrenden Zug begegnen; aber Windpeter schlug mit der Peitsche nach ihm und fuhr weiter. Als der Zug ihn erfaßte und ihn und seine beiden Pferde tötete, kam ein heimfahrender Bauer mit seiner Frau eine nahegelegene Straße entlang und sah das Unglück. Sie sagten, der alte Windpeter habe auf dem Sitz seines Jagdwagens gestanden und auf die heranbrausende Lokomotive geschimpft und geflucht und habe tatsächlich in wilder Freude geschrien, als das Gespann, toll gemacht durch die unaufhörlichen Peitschenhiebe, geradenwegs in den sicheren Tod raste. Jungen wie George Willard und Seth Richmond werden sich des Unfalls lebhaft erinnern – denn wenn auch jeder Mensch in unserer Stadt sagte, der Alte werde direkt zur Hölle fahren, und die Gemeinde sei besser dran ohne ihn, so hegten sie doch die geheime Überzeugung, daß er gewußt habe, was er tat, und sie bewunderten seinen tollkühnen Mut. Die meisten Knaben haben so ihre Zeiten, da sie lieber glorreich sterben möchten, statt im Büro eines Kolonialwarenladens ihren langweiligen Alltag weiterzuleben.

Doch dies ist nicht die Geschichte von Windpeter Winters, und auch noch nicht die seines Sohnes Hal, der zusammen mit Ray Pearson auf der Wills-Farm arbeitete. Es ist Rays Geschichte. Es wird jedoch notwendig sein, etwas von Hal zu berichten, damit Sie den Sinn meiner Geschichte recht verstehen.

Hal taugte nichts. Das sagte jeder. Drei Söhne waren in dieser Wintersfamilie, John, Edward und Hal, alle breitschultrige große Burschen wie der alte Windpeter selbst, und alle waren Raufbolde und Schürzenjäger und durch und durch schlechte Kerle.

Hal war der schlimmste von ihnen, und immer auf eine Teufelei aus. Einmal stahl er in der Sägemühle seines Vaters eine Ladung Bretter und verkaufte sie in Winesburg. Von dem Geld erstand er sich einen billigen, grellbunten Anzug. Dann betrank er sich, und als sein Vater wütend zur Stadt kam, um

raving into town to find him, they met and fought with their firsts on Main Street and were arrested und put into jail together.

Hal went to work on the Wills farm because there was a country school teacher out that way who had taken his fancy. He was only twenty-two then but had already been in two or three of what were spoken of in Winesburg as "women scrapes". Everyone who heard of his infatuation for the school teacher was sure it would turn out badly. "He'll only get her into trouble, you'll see", was the word that went around.

And so these two men, Ray and Hal, were at work in a field on a day in late October. They were husking corn and occasionally something was said and they laughed. Then came silence. Ray, who was the more sensitive and always minded things more, had chapped hands and they hurt. He put them into his coat pockets and looked away across the fields. He was in a sad distracted mood and was affected by the beauty of the country. If you knew the Winesburg country in the fall and how the low hills are all splashed with yellows and reds you would understand his feeling. He began to think of the time, long ago when he was a young fellow living with his father, then a baker in Winesburg, and how on such days he had wandered away to the woods to gather nuts, hunt rabbits, or just to loaf about and smoke his pipe. His marriage had come about through one of his days of wandering. He had induced a girl who waited on trade in his father's shop to go with him and something had happened. He was thinking of that afternoon and how it had affected his whole life, when a spirit of protest
10 awoke in him. He had forgotten about Hal and mut-
11 tered words. "Tricked by God, that's what I was,

ihn zu suchen, trafen sie sich in der Hauptstraße und schlugen mit Fäusten aufeinander ein und wurden verhaftet und kamen zusammen ins Gefängnis.

Hal ging auf die Wills-Farm arbeiten, weil dort eine Dorfschullehrerin war, in die er sich verliebt hatte. Er war damals erst zweiundzwanzig, war aber schon zwei- oder dreimal in ‹Weibergeschichten›, wie man in Winesburg sagte, verwickelt gewesen. Jeder Mensch, der etwas von seiner Verliebtheit in die Lehrerin hörte, prophezeite, daß es schlecht ausgehen werde. «Er wird sie bloß ins Unglück stürzen, paßt nur auf» – war das Wort, das darüber umging.

Eines Tages gegen Ende Oktober arbeiteten die beiden Männer, Ray und Hal, zusammen auf dem Felde. Sie enthülsten die Maiskolben, und gelegentlich sprachen sie ein Wort und lachten. Dann herrschte wieder Schweigen. Ray, der empfindlicher war und alles wichtiger nahm, hatte rissige Hände, sie taten ihm weh. Er schob sie in seine Jackentaschen und blickte über die Felder hin. Er war in einer trüben Stimmung und ein wenig abwesend und beeindruckt von der Schönheit der Landschaft. Wenn Sie das Land um Winesburg im Herbst sehen könnten, die niedrigen Hügel alle mit gelben und roten Farben getupft, würden Sie sein Gefühl verstehen. Er begann, an die alten Zeiten zu denken, als er noch ein junger Bursche war und bei seinem Vater lebte, der damals Bäcker in Winesburg war, wie er an solchen Tagen in die Wälder hinaus gewandert war, um Nüsse zu sammeln und Kaninchen zu jagen, oder bloß um herumzustreifen und seine Pfeife zu rauchen. Seine Heirat war durch solch einen Wandertag zustande gekommen. Er hatte ein Mädchen, das Verkäuferin im Laden seines Vaters war, überredet, mit ihm zu gehen, und da war es eben passiert. Er dachte an jenen Nachmittag, und wie der sein ganzes Leben beeinflußt hatte – und plötzlich erwachte sein Widerspruchsgeist. Er hatte Hal vergessen und sprach mit sich selbst. «Von Gott betrogen bin ich, jawohl, vom Le-

tricked by life and made a fool of," he said in a low voice.

As though understanding his thoughts, Hal Winters spoke up. "Well, has it been worth while? What about it, eh? What about marriage and all that?" he asked and then laughed. Hal tried to keep on laughing but he too was in an earnest mood. He began to talk earnestly. "Has a fellow got to do it?" he asked. "Has he got to be harnessed up and driven through life like a horse?"

Hal didn't wait for an answer but sprang to his feet and began to walk back and forth between the corn shocks. Bending down suddenly he picked up an ear of the yellow corn and threw it at the fence. "I've got Nell Gunther in trouble," he said. "I'm telling you, but you keep your mouth shut."

Ray Pearson arose and stood staring. He was almost a foot shorter than Hal, and when the younger man came and put his two hands on the older man's shoulders they made a picture. There they stood in the big empty field with the quiet corn shocks standing in rows behind them and the red and yellow hills in the distance, and from being just two indifferent workmen they had become all alive to each other. Hal sensed it and because that was his way he laughed. "Well, old daddy," he said awkwardly, "come on, advise me. I've got Nell in trouble. Perhaps you've been in the same fix yourself. I know what every one would say is the right thing to do, but what do you say? Shall I marry and settle down? Shall I put myself into the harness to be worn out like an old horse? You know me, Ray. There can't any one break
12 me, but I can break myself. Shall I do it or shall I tell
13 Nell to go to the devil? Come on, you tell me. Whatever you say, Ray, I'll do."

ben überlistet und zum Narren gemacht!» sagte er mit leiser Stimme.

Als habe er seine Gedanken verstanden, fragte Hal Winters laut: «Na, und hat sich's gelohnt? Wie steht's damit, he? Wie steht's mit der Ehe und dem ganzen Kram?» So fragte er und lachte. Er versuchte, weiter zu lachen, aber auch er war ernst gestimmt. Er begann ernst zu sprechen: «Muß man es tun – als Mann?» fragte er. «Muß man sich ins Geschirr spannen und durchs Leben treiben lassen wie ein Pferd?»

Hal wartete keine Antwort ab, er sprang auf die Füße und fing an, zwischen den Maisgarben hin und her zu gehen. Er wurde immer erregter. Auf einmal beugte er sich nieder, hob einen gelben Maiskolben auf und warf ihn gegen den Zaun. «Ich habe Nell Gunther verführt», sagte er. «Dir kann ich's sagen, aber du hältst den Mund, ja?»

Ray Pearson stand auf und sah ihn groß an. Er war fast einen Fuß kleiner als Hal, und als der Jüngere kam und dem älteren Mann die Hände auf die Schulter legte, sah es seltsam aus. Da standen sie auf dem weiten leeren Feld mit den stillen Garben reihenweise hinter ihnen und den roten und gelben Bergen in der Ferne, und waren aus zwei gleichgültigen Arbeitern plötzlich füreinander lebendige Menschen geworden. Hal spürte es, und weil es so seine Art war, lachte er. «Na ja, alter Freund», sagte er verlegen, «gib mir jetzt einen Rat. Los! Nell wird ein Kind kriegen. Vielleicht bist du in derselben Klemme gewesen. Ich weiß, was jetzt alle Leute für meine Pflicht hielten – aber was sagst *du?* Soll ich sie heiraten und seßhaft werden? Soll ich mich selbst einspannen, um mich verbrauchen zu lassen wie 'n altes Pferd? Du kennst mich, Ray. Mich macht keiner kirre – höchstens werde ich freiwillig zahm. Soll ich's – oder soll ich Nell sagen, sie kann sich zum Teufel scheren? Komm, Alter, sag's mir. Was du mir jetzt sagst, Ray, das werde ich tun!»

Ray couldn't answer. He shook Hal's hands loose and turning walked straight away toward the barn. He was a sensitive man and there were tears in his eyes. He knew there was only one thing to say to Hal Winters, son of old Windpeter Winters, only one thing that all his own training and all the beliefs of the people he knew would approve, but for his life he couldn't say what he knew he should say.

At half-past four that afternoon Ray was puttering about the barnyard when his wife came up the lane along the creek and called him. After the talk with Hal he hadn't returned to the corn field but worked about the barn. He had already done the evening chores and had seen Hal, dressed and ready for a roistering night in town, come out of the farmhouse and go into the road. Along the path to his own house he trudged behind his wife, looking at the ground and thinking. He couldn't make out what was wrong. Every time he raised his eyes and saw the beauty of the country in the failing light he wanted to do something he had never done before, shout or scream or hit his wife with his fists or something equally unexpected and terrifying. Along the path he went scratching his head and trying to make it out. He looked hard at his wife's back but she seemed all right.

She only wanted him to go into town for groceries and as soon as she had told him what she wanted began to scold. "You're always puttering," she said. "Now I want you to hustle. There isn't anything in the house for supper and you've got to get to town and back in a hurry."

14 Ray went into his own house and took an over-
15 coat from a hook back of the door. It was torn about

Ray konnte nicht sprechen. Er schüttelte Hals Hände ab, machte kehrt und ging auf die Scheune zu. Er war ein Mensch mit Herz, und ihm standen die Tränen in den Augen. Er wußte, es gab nur eine Antwort für Hal Winters, für den Sohn des alten Windpeter, nur eine, die seinen Erfahrungen und den Ansichten aller Leute, die er kannte, entsprach – aber um nichts in der Welt konnte er aussprechen, was er – das wußte er – nun sagen müßte.

Noch um halb fünf trödelte er an jenem Nachmittag auf dem Hof herum; seine Frau kam den kleinen Fußweg am Bach herauf und rief nach ihm. Er war nicht aufs Feld zurückgegangen nach seinem Gespräch mit Hal, sondern hatte in der Scheune gearbeitet, die abendlichen Pflichten bereits erledigt und sah nun Hal, der sich für einen nächtlichen Bummel in der Stadt umgekleidet und fertig gemacht hatte, aus dem Farmhaus kommen und zur Straße hinüber gehen. Er trottete den kleinen Feldweg zu seinem Haus hinter seiner Frau her, sah zu Boden und dachte nach. Er konnte nicht herausfinden, was eigentlich verkehrt war. Jedesmal, wenn er den Blick hob zu der Schönheit der Landschaft im dämmrigen Licht, spürte er den Drang, etwas zu tun, was er nie zuvor getan hatte, – laut zu rufen oder zu schreien oder seine Frau mit Fäusten zu schlagen – oder sonst etwas ganz Überraschendes und Schreckliches. So ging er den Weg entlang und kratzte sich den Kopf und grübelte. Er sah den Rücken seiner Frau scharf an – aber sie schien nicht anders zu sein als sonst.

Sie hatte nur gewollt, daß er zur Stadt ginge, um Lebensmittel einzukaufen, und kaum hatte sie ihm gesagt, was sie wünschte, da fing sie auch schon zu schelten an. «Immer trödelst du so herum», sagte sie, «jetzt sollst du dich aber eilen! Es ist nichts zum Abendessen im Haus, und du mußt zur Stadt und zurück, aber schnell!»

Ray trat in sein Haus und nahm seinen Mantel vom Haken hinter der Tür. Er war an den Taschen eingerissen, der Kragen

the pockets and the collar was shiny. His wife went into the bedroom and presently came out with a soiled cloth in one hand and three silver dollars in the other. Somewhere in the house a child wept bitterly and a dog that had been sleeping by the stove arose and yawned. Again the wife scolded. "The children will cry and cry. Why are you always puttering?" she asked.

Ray went out of the house and climbed the fence into a field. It was just growing dark and the scene that lay before him was lovely. All the low hills were washed with color and even the little clusters of bushes in the corners by the fences were alive with beauty. The whole world seemed to Ray Pearson to have become alive with something just as he and Hal had suddenly become alive when they stood in the corn field staring into each other's eyes.

The beauty of the country about Winesburg was too much for Ray on that fall evening. That is all there was to it. He could not stand it. Of a sudden he forgot au about being a quiet old farm hand and throwing off the torn overcoat began to run across the field. As he ran he shouted a protest against his life, against all life, against everything that makes life ugly. "There was no promise made," he cried into the empty spaces that lay about him. "I didn't promise my Minnie anything and Hal hasn't made any promise to Nell. I know he hasn't. She went into the woods with him because she wanted to go. What he wanted she wanted. Why should I pay? Why should Hal pay? Why should any one pay? I don't want Hal to become old and worn out. I'll tell him. I won't let it go on. I'll catch Hal before he gets to town and
16 I'll tell him."

17 Ray ran clumsily and once he stumbled and fell

war speckig. Seine Frau ging ins Schlafzimmer und kam gleich darauf heraus, ein schmutziges Tuch in der einen Hand und drei Silberdollars in der andern. Irgendwo im Hause weinte ein Kind bitterlich, und ein Hund, der beim Herd geschlafen hatte, stand auf und gähnte. Wieder schalt die Frau. «Die Kinder werden die ganze Zeit schreien! Warum trödelst du immer so?» fragte sie.

Ray ging aus dem Haus und stieg über den Zaun auf das freie Feld. Es wurde gerade dunkel, und das Bild, das vor ihm lag, war sehr lieblich. All die niedrigen Hügel waren in bunte Farben getaucht, und sogar die kleinen Buschgruppen an den Ecken des Zauns waren lebendig vor Schönheit. Es war Ray Pearson, als sei die ganze Welt irgendwie lebendig geworden, gerade wie er und Hal Winters plötzlich füreinander lebendig geworden waren, als sie auf dem Maisfeld standen und sich in die Augen sahen.

An diesem Herbstabend war die Schönheit des Landes um Winesburg zuviel für Ray. Das allein war es. Er konnte sie nicht ertragen. Er vergaß plötzlich, daß er ein stiller alter Landarbeiter war, warf den alten zerrissenen Mantel hin und begann übers Feld zu laufen. Und beim Laufen schrie er seinen Protest gegen sein Leben laut hinaus – gegen alles Leben überhaupt, gegen alles, was das Leben häßlich macht. «Ich hatte doch nichts versprochen», schrie er in den leeren Raum, der vor ihm lag, «ich hatte meiner Minnie nichts versprochen, und Hal hat Nelly nichts versprochen. Das weiß ich. Sie ist mit ihm in den Wald gegangen, weil sie selbst es wollte. Sie wollte dasselbe wie er. Warum sollte ich dafür zahlen? Warum soll Hal dafür zahlen? Warum muß überhaupt einer dafür büßen? Ich will nicht, daß Hal alt und ausgemergelt wird. Ich werde es ihm sagen. Ich werde es nicht zulassen. Ich werde Hal abfangen, ehe er zur Stadt geht und werde es ihm sagen.»

Ray rannte schwerfällig, und einmal stolperte er und fiel.

down. "I must catch Hal and tell him," he kept thinking and although his breath came in gasps he kept running harder and harder. As he ran he thought of things that hadn't come into his mind for years – how at the time he married he had planned to go west to his uncle in Portland, Oregon – how he hadn't wanted to be a farm hand, but had thought when he got out west he would go to sea and be a sailor or get a job on a ranch and ride a horse into western towns, shouting and laughing and waking the people in the houses with his wild cries. Then as he ran he remembered his children and in fancy felt their hands clutching at him. All of his thoughts of himself were involved with the thoughts of Hal and he thought the children were clutching at the younger man also. "They are the accidents of life, Hal," he cried. "They are not mine or yours. I had nothing to do with them."

Darkness began to spread over the fields as Ray Pearson ran on and on. His breath came in little sobs. When he came to the fence at the edge of the road and confronted Hal Winters, all dressed up and smoking a pipe as he walked jauntily along, he could not have told what he thought or what he wanted.

Ray Pearson lost his nerve and this is really the end of the story of what happened to him. It was almost dark when he got to the fence and he put his hands on the top bar and stood staring. Hal Winters jumped a ditch and coming up close to Ray put his hands into his pockets and laughed. He seemed to have lost his own sense of what had happened in the corn field and when he put up a strong hand and
18 took hold of the lapel of Ray's coat he shook the old
19 man as he might have shaken a dog that had misbehaved.

«Ich muß Hal einholen und es ihm sagen», dachte er wieder, und obwohl sein Atem schwer und stoßweise ging, rannte er immer schneller. Und dabei dachte er an Dinge, die ihm jahrelang nicht in den Sinn gekommen waren – wie er um die Zeit, da er heiratete, eigentlich vorgehabt hatte, zu seinem Onkel nach Portland Oregon zu gehen; wie er niemals hatte Landarbeiter werden wollen, sondern, sobald er herauskam nach dem Westen, zur See gehen wollte und Seemann sein – oder sich einen Posten auf einer Ranch suchen und zu Pferde in so eine westliche Stadt hineinreiten, singend und lachend, mit seinen wilden Schreien die Leute in den Häusern aus dem Schlafe reißend. Er rannte und rannte und dachte an seine Kinder und spürte förmlich, wie ihre Hände nach ihm griffen. Doch all seine Gedanken an sich selbst waren mit dem Gedanken an Hal verknüpft, und er meinte, die Kinder griffen auch nach dem jungen Burschen. «Sie sind die unglücklichen Zufälle des Lebens, Hal!» rief er. «Sie sind nicht deine oder meine Kinder. Ich hatte nichts mit ihnen zu tun.»

Die Dunkelheit begann sich über die Felder zu breiten, als Ray Pearson lief und lief. Sein Atem kam wie kurzes Schluchzen. Als er den Zaun am Straßenrand erreichte und vor Hal Winters stand, der fein ausstaffiert und Pfeife rauchend vergnügt daherkam, hätte er nicht mehr sagen können, was er gedacht oder was er überhaupt gewollt hatte.

Ray Pearson verlor den Mut, und damit ist eigentlich zu Ende erzählt, was ihm geschah. Es war fast dunkel, als er so am Zaun stand und die Hände auf die oberste Stange legte und Hal anstarrte. Hal Winters sprang über den Graben, kam dicht an Ray heran, steckte die Hände in die Taschen und lachte. Er schien vergessen zu haben, was sich auf dem Maisfeld zugetragen hatte, und als er seine kräftige Hand ausstreckte und Ray am Rockaufschlag faßte, schüttelte er den Alten wie man einen Hund schüttelt, der sich schlecht aufgeführt hat.

"You came to tell me, eh?" he said. "Well, never mind telling me anything. I'm not a coward and I've already made up my mind." He laughed again and jumped back across the ditch. "Nell ain't no fool," he said. "She didn't ask me to marry her. I want to marry her. I want to settle down and have kids."

Ray Pearson also laughed. He felt like laughing at himself and all the world.

As the form of Hal Winters disappeared in the dusk that lay over the road that led to Winesburg, he turned and walked slowly back across the fields to where he had left his torn overcoat. As he went some memory of pleasant evenings spent with the thin-legged children in the tumble-down house by the creek must have come into his mind, for he muttered words. "It's just as well. Whatever I told him would have been a lie," he said softly, and then his form also disappeared into the darkness of the fields.

«Du willst mir jetzt deine Meinung sagen, he?» fragte er. «Na – streng dich nicht an, sag lieber gar nichts. Ich bin kein Feigling, und ich habe mich schon entschlossen.» Er lachte wieder und sprang über den Graben zurück. «Nell ist nämlich gar nicht dumm», sagte er. «Sie hat nicht gebeten, daß ich sie heiraten soll. Aber ich, ich möchte sie heiraten! Ich will mich häuslich niederlassen und will Kinder haben.»

Auch Ray Pearson lachte. Ihm war zumute, als müsse er über sich selbst lachen und über die ganze Welt.

Als die Gestalt von Hal Winters im Dunkel verschwand, das über der Straße nach Winesburg lag, kehrte Ray um und schritt langsam über das Feld zurück bis zu der Stelle, wo er seinen zerrissenen Mantel gelassen hatte. Und als er so dahinging, kam ihm wohl die Erinnerung an ein paar gemütliche Abende in den Sinn, die er mit den dünnbeinigen Kindern in dem baufälligen Haus am Bach verlebt hatte, denn er murmelte vor sich hin. «Nun ja – ebenso gut. Was ich ihm auch gesagt hätte – es wäre doch eine Lüge gewesen», sagte er leise, und dann verschwand auch seine Gestalt im Dunkel der Felder.

Thornton Wilder
The Warship

The ship Trumpeter which left London for Australia in the early eighteenth century with a hundred convicts and their families on board never reached its destination and no report of any survivor nor of any identified object connected with it ever reached the world. The ship's company did not entirely perish, however. The captain and the greater part of the crew were drowned in the storm that wrecked the vessel; many of the passengers and most of the children died in the hardships of the first few weeks thereafter; but finally over a hundred persons reached an island on the west coast of Australia. These survivors settled down upon the island which they promptly christened "England," but which in a few generations of oral transmission became "Inglan." In time the ingenuity of the colonists had established an agreeable mode of living; a church, a school, a parliament, and even a theater had come into being, and within a hundred years the population had more than doubled. It was greatly reduced in 1870, however, by an obscure disease which attacked the community, probably through some disproportion in the ingredients of the islanders' diet. A few years later the population was again diminished by the loss of a dozen of the ablest men who ventured in a roughhewn boat to visit an island which could be occasionally seen at sunrise on the northern horizon.

Thornton Wilder
Das Kriegsschiff

Das Schiff ‹Trompeter›, das anfangs des achtzehnten Jahrhunderts mit hundert Sträflingen und ihren Familien an Bord von London nach Australien ausfuhr, erreichte niemals seinen Bestimmungsort, und kein Bericht von einem Überlebenden oder einem zum Schiff gehörenden feststellbaren Gegenstand gelangte je in die Welt. Jedoch die Menschenfracht des Schiffes ging nicht völlig zugrunde. Der Kapitän und der größere Teil der Mannschaft ertranken bei dem Unwetter, welches das Fahrzeug vernichtete; viele Passagiere und die meisten Kinder starben an den Strapazen der ersten darauffolgenden Wochen; aber endlich erreichten doch über einhundert Menschen eine Insel an der Westküste Australiens. Diese Überlebenden siedelten sich auf der Insel an und tauften sie prompt ‹England›, woraus aber in einigen Generationen mündlicher Überlieferung ‹Inglan› wurde. Mit der Zeit hatte die Findigkeit der Kolonisten ihrem Leben eine recht erträgliche Form gegeben; es entstanden eine Kirche, eine Schule, ein Rathaus, sogar ein Theater, und innerhalb von hundert Jahren hatte sich die Bevölkerung mehr als verdoppelt. Jedoch 1870 wurde sie stark verringert durch eine unbekannte Krankheit, welche die Gemeinde ergriff – wahrscheinlich infolge eines Mißverhältnisses in den Grundbestandteilen der Inselkost. Wenige Jahre später trat wieder eine Verminderung der Einwohnerzahl ein, und zwar durch Verlust von zwölf ihrer besten Männer, die das Wagnis unternahmen, in einem grobgezimmerten Schiff eine Insel zu besuchen, die man manchmal bei Sonnenaufgang am nördlichen Horizont erblicken konnte.

In 1880 a castaway reached the colony, a Finnish sailor, who had been drifting for many days in an open boat. It was several years before he learned sufficient English to tell the Inglaners about the outside world, a hazy account of the Napoleonic Wars, of an English queen, and detailed information about Baltic politics. This Finnish sailor never recovered from the ill effects of his exposure and died in the sixth year of his life on the island. No other visitor ever reached Inglan; no ship was ever sighted in the distance; and presently the Inglaners lost interest in maintaining the distress signal on the peak that rose behind their settlement.

In the original company of the shipwrecked there had been only a few men and women who were able, even imperfectly, to read, write, and compute, and they were already aged by the time the community came to feel a need for written records and had devised a substitute for paper on which to inscribe them. At the same time the colony was seized with a passion for recovering the lore of the outside world and particularly for anything connected with religion. Official scribes were appointed and all who could remember a passage or even a phrase from the Bible or the hymns contributed their share. In this way a brief anthology was committed to writing, including a synopsis of the *Pilgrim's Progress,* some fragments from the marriage and burial services, and a number of English and Scotch ballads. To this library the islanders went to school, where they likewise were given accounts of such things as animals, grains, and utensils. Geography consisted of vague maps of the world and the British Isles and detailed descriptions of London, Plymouth, and Bristol. At the

Im Jahre 1880 landete ein Schiffbrüchiger in der Siedlung, ein finnischer Seemann, der viele Tage in einem offenen Boot getrieben war. Es dauerte mehrere Jahre, bis er genügend Englisch konnte, um den Inglanern etwas von der ‹Welt da draußen› zu erzählen: einen verschwommenen Bericht von den Napoleonischen Kriegen, von einer englischen Königin und genauen Einzelheiten aus der baltischen Politik. Dieser finnische Seemann erholte sich nie von den schlimmen Wirkungen seines Schiffbruchs und starb im sechsten Jahr seines Lebens auf der Insel. Kein anderer Gast kam je nach Inglan; nie ward ein Schiff in der Ferne gesichtet; bald verloren die Inglaner das Interesse an der Instandhaltung des Notsignals auf der Bergspitze, die sich hinter ihrer Siedlung erhob.

In der ersten Gemeinschaft der Schiffbrüchigen gab es nur wenige Männer und Frauen, die – notdürftig genug – schreiben, lesen und rechnen konnten, und sie waren schon betagt um die Zeit, als die Gemeinde ein Bedürfnis nach niedergeschriebenen Berichten verspürte und einen Papierersatz erfunden hatte, um sie darauf niederzulegen. Zur gleichen Zeit bemächtigte sich der ganzen Kolonie eine Leidenschaft für die Wiedererlangung einer Kunde von der ‹Welt da draußen›, besonders für alles, was irgendwie mit Religion verbunden war. Man bestellte amtliche Schreiber, und alle, die eine Stelle oder auch nur einen Satz aus der Bibel oder dem Hymnenbuch kannten, trugen ihr Teil dazu bei. Auf diese Weise entstand eine kurze Sammlung, die auch einen knappen Abriß der ‹Pilgerfahrt› und einige Bruchstücke aus dem Trau- und Sterbe-Gottesdienst enthielt, dazu eine Anzahl englischer und schottischer Balladen. In diese ‹Bibliothek› gingen die Inselbewohner zur Schule, wo sie ebenso auch über andere Dinge – Tiere, Getreidearten, Gerätschaften – unterrichtet wurden. Die Geographie bestand aus einigen undeutlichen Landkarten der Welt und der Britischen Inseln sowie aus genauen Schilderungen von London, Plymouth und Bristol. Zu Beginn des neunzehnten Jahrhunderts

beginning of the nineteenth century a gifted musician arose who fashioned himself some instruments and on the basis of the songs that had been retained made some new ones. Soon after a poet declared himself and versified copiously. A young woman who had gazed long at squares and triangles deduced the first books of Euclid from them and a school of mathematicians flourished for half a century.

Up to the time of the epidemic of 1870 the health of the community had been excellent, but thereafter it declined rapidly. The uniformity of the diet and the increasing bonds of consanguinity had a part in this, but chiefly a psychological factor that was an effect of the shut-in-ness of the island existence. The colonists were not aware of any desire to leave Inglan and view the outside world, yet they felt themselves lost, abandoned of God, and aimless. Vigorous personalities arose from time to time who found the opportunities and problems of even this restricted existence sufficient to justify a human dignity, but the majority relapsed into a fretful and listless submission to the passing of time. A large proportion of the children died at birth or grew up sickly, unsocial, excentric, and quarrelsome. A fermented drink was brewed from the fruits on the island and intemperance became universal. But most strikingly of all, in spite of the small size of the territory and in spite of the fact that every colonist was many times the cousin of his neighbor, the Inglaners divided themselves into factions and lived in an atmosphere of distrust that frequently came to a head in strife and bloodshed.

In 1910 there were only twelve adults living under civilization in Lunnon itself and they no longer made efforts to reclaim the few hermits who had withdrawn

erwuchs aus ihrer Mitte ein begabter Musiker, der sich einige Instrumente herstellte und auf der Grundlage der noch erhaltenen Lieder ein paar neue schuf. Bald darauf offenbarte sich einer als Dichter, der eine Unmenge Verse schrieb. Eine junge Frau, die lange Zeit Quadrate und Dreiecke betrachtet hatte, leitete daraus die ersten Bücher des Euklid ab, und ein halbes Jahrhundert hindurch blühte und gedieh eine Schule von Mathematikern.

Bis 1870, als die Epidemie kam, war die Gesundheit der Gemeinde ausgezeichnet gewesen, dann aber verfiel sie rasch. Teils war die einförmige Ernährung und die zunehmende Blutsverwandtschaft schuld daran, hauptsächlich aber ein seelischer Faktor, eine Folge der Abgeschlossenheit des Insellebens. Die Kolonisten verspürten keinen Wunsch, Inglan zu verlassen und die Außenwelt zu sehen, dennoch fühlten sie sich verloren, von Gott verstoßen und ohne Lebenszweck. Von Zeit zu Zeit erhoben sich kraftvolle Persönlichkeiten, denen die Möglichkeiten und Probleme selbst dieses eingeengten Daseins genügten, um ihre Menschenwürde zu rechtfertigen, aber die Mehrheit versank in eine mürrische und lustlose Resignation gegenüber dem Ablauf der Zeit. Verhältnismäßig viele Kinder starben bei der Geburt oder wuchsen kränklich, ungesellig, überspannt und streitsüchtig heran. Man braute aus den Früchten der Insel ein Gärungsgetränk, und bald war die Unmäßigkeit allgemein. Doch was am verblüffendsten schien: obwohl das Gebiet so klein war, und ungeachtet des Umstandes, daß jeder Kolonist vielmals mit seinem Nachbarn verwandt war, spalteten sich die Inglaner in Parteien und lebten in einer Atmosphäre des Mißtrauens, die sich oftmals in Streit und Blutvergießen entlud.

Im Jahre 1910 lebten nur noch zwölf Erwachsene ein bürgerliches Leben in ‹Lunnon› selbst, und sie bemühten sich nicht mehr, die wenigen Einsiedler wiederzuholen, die sich in die entlegenen Teile der Insel zurückgezogen hatten. Jonh Weever,

themselves to the remoter parts of the island. Jonh Weever, the captain of Inglan, as he was called, tried strenuously to inspirit his community; he offered rewards for inventions, for writings, and for feats of skill. His eldest son, Roja, felt the incitement beyond the others and never tired of contriving improvements for the island; but at the same time he distressed his father by continued speculation as to the nature of the outside world. To Captain Jonh the existence of the outside world was a matter lost in myth, tradition, and hearsay. Report said that hundreds, even thousands, of human beings lived there in dwellings of extraordinary size and beauty. Roja dreamed of finding a way to such a world, or of the possibility of such a world's coming of Inglan. Captain Jonh would sigh into his beard, shaking his head at such thoughts. "Whether that world be still there," he would say, "whether it be better than our own or worser; how far away it lies–these things we cannot know, neither be we like to know. The best thing for us to do, my son, is not to beat our heads about them, but to do our duty where we be." But Roja would not be put off. He stirred up the men of Lunnon to renew the huge distress signal on the peak. It was long and tedious work, but for a time the islanders were filled with an unaccustomed excitement. The storms of the next two rainy seasons, however, tore the great structure down, and even when Roja became captain in his father's place he made no effort to rebuild it.

One night when he had put his sons and daughters to bed and made the rounds of Lunnon, Captain Roja descended to the water's edge and sat down, gazing across the sea. He turned over in his mind the destiny that had placed him there, the depleted colony, the

der Kapitän von Inglan, wie er genannt wurde, versuchte tapfer, seiner Gemeinde Lebensmut einzuflößen, er setzte Belohnungen aus für Erfindungen, für Schriften, für geschickte Leistungen. Sein ältester Sohn, Roja, ging mehr als alle andern auf diese Anregungen ein und wurde nicht müde, Verbesserungen für die Insel zu ersinnen, zugleich aber machte er seinem Vater Sorgen durch sein unaufhörliches Spintisieren über die Natur der ‹Welt da draußen›. Für Kapitän Jonh war das Vorhandensein jener Welt etwas, was sich in Sage, Tradition und Hörensagen verlor. Es hieß, daß Hunderte, ja Tausende menschlicher Wesen dort in Behausungen von außerordentlicher Größe und Schönheit lebten. Roja aber träumte davon, einen Weg zu einer solchen Welt zu finden, oder gar von der Möglichkeit, daß Inglan sich zu einer solchen Welt entwickeln könne. Dann seufzte Kapitän Jonh in seinen Bart und schüttelte den Kopf über solche Gedanken. «Ob jene Welt noch vorhanden ist», sagte er oft, «ob sie besser oder schlechter ist als die unsere; wie weit entfernt sie liegt – diese Dinge können wir nicht wissen und wir werden sie wohl auch nie wissen. Das Beste, mein Sohn, was wir tun können, ist, uns nicht die Köpfe darüber zu zerbrechen, sondern an unserem Platze unsere Pflicht zu tun.» Aber so ließ sich Roja nicht abspeisen. Er brachte die Männer von Lunnon dazu, das große Notsignal auf dem Berggipfel wieder aufzurichten. Es war eine lange und beschwerliche Arbeit, jedoch sie erfüllte die Inglaner eine Zeit lang mit ungewohnter Erregung. Aber die Unwetter der beiden nächsten Regenperioden rissen den großen Bau nieder, und selbst als Roja an seines Vaters Stelle Kapitän wurde, nahm er sich nicht die Mühe, ihn wieder aufzurichten.

Eines Abends, als er seine Söhne und Töchter zu Bett geschickt hatte und seine Runde durch Lunnon machte, stieg Kapitän Roja hinab zum Strande, setzte sich nieder und schaute aufs Meer hinaus. Er sann über das Schicksal nach, das ihn an diesen Platz gestellt hatte; er sann nach über die entvölkerte

rancorous spirit of his subjects, the difference that lay between today and the glorious days that his grandfather had described to him, and he thought of the days that lay ahead when his children would have survived him. And as he sat thinking a strange sight appeared before him. A great ship came around the headland, hung with lights, festooned with two great rows of lights from stem to stern. Music came from it and the sound of shouting. Clouds of smoke hung in the quiet air behind it. Fore and aft two great skeleton turrets rose into the stars. For a moment Captain Roja thought of lighting a bonfire or setting fire to St. Paul's, but he paused. The vision was beautiful, but terrible. He knew that neither himself nor his companions could live in that world; all that power and energy was troubling and remote. He sat down again and watched the marvel pass into the distance, and the other shadowy forms that had gathered on the slope behind him gazed and trembled and went in silence to their homes.

Kolonie, die Bosheit seiner Bürger, den Unterschied zwischen heute und jenen glorreichen Tagen, die sein Großvater ihm geschildert hatte, und er dachte an die kommenden Tage, wenn seine Kinder ihn überlebt haben würden. Und als er so saß und sann, erschien ein seltsamer Anblick vor seinen Augen. Ein großes Schiff kam um das Vorgebirge, mit Lichtern behangen, vom Vorder- bis zum Achtersteven mit zwei großen Reihen von Lichtern geschmückt. Musik klang herüber und der Ton menschlicher Stimmen. Rauchwolken hingen in der stillen Luft hinter dem Schiff. Vorn und hinten ragten zwei große Turmskelette in die Sterne. Einen Augenblick dachte Kapitän Roja daran, ein Freudenfeuer zu entzünden oder die Kirche St. Paul in Brand zu stecken, aber er besann sich. Der Anblick war schön, aber schrecklich. Er wußte, daß weder er noch seine Gefährten in einer solchen Welt leben konnten; all jene Macht und jene Kraft war beängstigend und lag ihnen fern. Er setzte sich wieder hin und ließ das Wunder in der Ferne vorüberziehen, und die andern schattenhaften Gestalten, die sich am Uferhang hinter ihm gesammelt hatten, starrten hinaus und zitterten und gingen schweigend in ihre Häuser.

William Saroyan
The Third Day after Christmas

Donald Efaw, who was six years old plus three months, was standing on the corner of 3rd Avenue and 37th Street where his angry father Harry had asked him an hour ago to wait a minute while he stepped into the store for some stuff for Alice who was sick in bed, coughing and crying. Alice was three and she had kept everybody awake all night. Donald's angry father Harry hadn't liked the noise at all and he'd blamed it on Mama. Mama's name was Mabelle. "Mabelle Louisa Atkins Fernandez before I married Harry Efaw," the boy had once heard his mother say to a man who had come to fix the broken window in the kitchen. "My husband is part-Indian on his mother's side, and I'm part-Indian on my father's. Fernandez sounds more Spanish or Mexican than Indian, but my father was part-Indian just the same. We never lived among them, though, the way some part-Indians do. We always lived in cities."

The boy wore overalls and an old checkered coat his father had outgrown that might have been an overcoat for him if it hadn't been so ill-fitting. The sleeves had been cut to fit the boy, but that was all. The pockets were out of reach, so the boy rubbed his hands to keep them warm. It was eleven o'clock in the morning now.

Donald's father had gone into the place, and pretty soon he would come out and they'd walk home and

William Saroyan
Am dritten Tag nach Weihnachten

Donald Efaw, sechs Jahre und drei Monate alt, stand an der Ecke der dritten Avenue und der siebenunddreißigsten Straße; sein ärgerlicher Vater Harry hatte ihm vor einer Stunde befohlen, eine Minute hier zu warten, während er in den Laden ging, um eine Arznei für Alice zu holen, die hustend und weinend krank zu Bett lag. Alice war drei und hatte sie alle die ganze Nacht wachgehalten. Donalds nervöser Vater Harry haßte den Lärm und gab Mutter die Schuld. Mutter hieß Mabelle. «Mabelle Louisa Atkins Fernandez, ehe ich Harry Efaw heiratete», hatte der Junge seine Mutter einmal zu einem Mann sagen hören, der das zerbrochene Fenster in der Küche reparieren sollte. «Mein Mann hat von seiner Mutter etwas Indianerblut, und ich habe von meinem Vater etwas Indianerblut. Fernandez klingt mehr mexikanisch oder spanisch als indianisch, aber mein Vater hatte trotzdem einen Schuß indianisches Blut. Allerdings haben wir nie unter Indianern gelebt, wie manche Mischlinge. Wir haben immer in Städten gewohnt.»

Der Junge trug Überziehhosen und ein altes kariertes Jackett, das sein Vater abgetragen hatte; wenn es nicht so schlecht gesessen hätte, dann hätte es einen Mantel für das Kind abgeben können. Die Ärmel waren abgeschnitten, damit sie ihm paßten, das war alles. Die Taschen saßen außer Reichweite, und der Junge mußte sich die Hände reiben, um sie warm zu halten. Es war jetzt vormittags gegen elf Uhr.

Donalds Vater war in den Laden gegangen. Nun würde er sicher bald herauskommen; und dann gingen sie heim, und

Mama would give Alice some of the stuff – milk and medicine – and she'd stop crying and coughing and Mama and Papa would stop fighting.

The place was Haggerty's. It had an entrance on the corner and another on the side street. Harry Efaw had used the 37th Street exit five minutes after he had gone in. He hadn't *forgotten* the boy in the street, he had just wanted to get away from him for awhile, and from the rest of them, too. He had one little shot of rye that had cost too much and that was all. It had cost a quarter and that was too much for one little shot of rye. He had gulped the drink down and hurried out of the place and walked away, planning to come back after a few minutes to pick the boy up and then buy the food and medicine and go back home to see if something could be done about the little girl's sickness, but somehow or other he had gone right on walking.

At last Donald stepped into the place and saw that it was not like any other store he had ever seen. The man in the white coat looked at him and said, "You can't come in here. Go on home."

"Where's my father?"

"Is this boy's father in the house?" the man called out, and everybody in the place, seven men, turned and looked at Donald. They looked only a moment and then went back to their drinking and talking.

"Your father's not here," the man said, "whoever he is."

"Harry," Donald said. "Harry Efaw."

"I don't know anybody named Harry Efaw. Now, go on home."

34 "He told me to wait outside a minute."

35 "Yes, I know. Well, a lot of fellows come in here

dann gab Mutter Alice etwas von dem Zeug – Milch und Medizin –, und dann hörte Alice auf zu weinen und zu husten, und die Eltern hörten auf zu streiten.

Der Laden war Haggertys Bar. Sie hatte einen Eingang an der Ecke und einen andern an der Seitenstraße. Harry Efaw hatte den Ausgang nach der 37. Straße benutzt, fünf Minuten nachdem er hineingegangen war. Er hatte den Jungen auf der Straße nicht *vergessen*, er wollte nur eine Weile weg von ihm, und auch weg von den andern. Er hatte einen kleinen Schuß Korn getrunken, der zu viel gekostet hatte, das war alles. Er hatte einen Vierteldollar gekostet, und das war zu viel für einen Schuß Korn. Er hatte das Getränk hinuntergekippt und war aus dem Lokal gelaufen und weggegangen; er wollte nach ein paar Minuten zurückkommen und den Jungen abholen und dann Lebensmittel und Medizin kaufen und nach Hause gehen, um zu sehen, ob etwas gegen die Krankheit des kleinen Mädchens zu tun sei, aber irgendwie war er einfach immer weitergegangen.

Endlich trat Donald in den Laden und merkte, daß er anders war als jeder andere Laden, den er gesehen hatte. Der Mann in der weißen Jacke sah ihn an und sagte: «Du darfst nicht hier herein. Geh nach Hause.»

«Wo ist mein Vater?»

«Ist der Vater dieses Jungen hier im Hause?» rief der Mann, und alle Leute im Lokal, es waren sieben Männer, drehten sich um und sahen Donald an. Sie sahen ihn nur einen Augenblick an, dann fuhren sie fort zu trinken und zu reden.

«Wer auch dein Vater ist», sagte der Mann, «hier ist er nicht.»

«Harry», sagte Donald. «Harry Efaw.»

«Ich kenne niemand, der Harry Efaw heißt. Los, geh nach Hause!»

«Er sagte mir, ich soll draußen eine Minute warten.»

«Ja, ich weiß. Na ja, hier kommen viele Leute her, die bloß

for a drink and then go. I guess that's what he did. If he told you to wait outside, you'd better do it. You can't stay in here."

"It's cold outside."

"I know it's cold outside," the bartender said. "But you can't stay in here. Wait outside like your father told you to, or go home."

"I don't know how," the boy said.

"Do you know the address?"

The boy obviously didn't know the meaning of the question, so the bartender tried to put it another way.

"Do you know the number of the house and the name of the street?"

"No. We walked. We came for medicine for Alice."

"Yes, I know," the bartender said patiently. "And I know it's cold outside, too, but you'd better get out of here just the same. I can't have small boys coming into this place."

A sickly man of sixty or so who was more than half-drunk and half-dead got up from his table and went to the bartender.

"I'll be glad to get the boy home if he can show me the way."

"Sit down," the bartender said. "The boy doesn't know the way."

"Maybe he does," the man said. "I've had children of my own and the street's no place for a small boy. I'll be glad to get him home to his mother."

"I know," the bartender said. "But just go sit down."

"I'll take you home, sonny," the old man said.

"Sit down," the bartender almost shouted, and the old man turned in astonishment.

"What do you take me for, anyway?" he said

ein Glas trinken und dann gehen. Ich glaube, er hat's auch so gemacht. Wenn er dir gesagt hat, du sollst draußen warten, dann tu's lieber. Du kannst nicht hier drin bleiben.»

«Draußen ist es kalt.»

«Ich weiß, daß es draußen kalt ist», sagte der Barkellner. «Aber du kannst hier nicht bleiben. Warte draußen, wie's dir dein Vater gesagt hat, oder geh nach Hause.»

«Ich weiß nicht wie», sagte der Junge.

«Weißt du die Adresse?»

Offenbar verstand der Junge den Sinn der Frage nicht, und so versuchte es der Barkellner auf andere Art.

«Weißt du die Nummer von eurem Haus, und den Namen der Straße?»

«Nein. Wir kamen zu Fuß. Um Medizin für Alice zu holen.»

«Ja, ich weiß», sagte der Mann geduldig. «Und ich weiß auch, daß es draußen kalt ist, aber es ist besser, du gehst trotzdem hier heraus. Ich darf keine kleinen Jungens in dies Lokal kommen lassen.»

Ein schwächlicher Mann von etwa sechzig, der mehr als halbbetrunken und halbtot war, stand von seinem Tisch auf und ging auf den Barkellner zu.

«Ich würde den Jungen gern nach Hause bringen, wenn er mir den Weg zeigt.»

«Setzen Sie sich wieder», sagte der Barkellner. «Der Junge weiß den Weg nicht.»

«Vielleicht doch», sagte der Mann. «Ich habe selbst Kinder gehabt, und die Straße ist kein Platz für kleine Jungen. Ich bringe ihn wirklich gerne nach Hause zu seiner Mutter.»

«Ich weiß», sagte der Barkellner. «Aber setzen Sie sich nur hin.»

«Ich bringe dich heim, Jungchen», sagte der alte Mann.

«Setzen Sie sich hin.» Der Barkellner schrie es fast, und der alte Mann drehte sich erstaunt um.

«Für was halten Sie mich überhaupt?» fragte er leise. «Der

softly. "The boy's scared and cold and needs his mother."

"Will you please sit down?" the bartender said. "I know all about the boy. And you're not the man to get him home to his mother, either."

"*Somebody's* got to get him home to his mother," the old man said softly, and then belched. He was in the kind of worn and lumpy clothing the bartender knew had been given to him by a charitable institution. He probably had another thirty or forty cents to spend for beer, money he'd gotten by begging, most likely.

"It's the third day after Christmas," the old man went on. "It's not so long after Christmas any of us has got a right to forget trying to help a small boy home."

"Ah, what's the matter?" another drinker asked from his chair.

"Nothing's the matter," the bartender said. "This boy's father asked him to wait for him outside, that's all." The bartender turned to Donald Efaw. "If you don't know how to get home, just wait outside like your father told you to, and pretty soon he'll be back and he'll take you home. Now, go on and get out of here."

The boy left the place and began standing where he had already stood more than an hour. The old man began to follow the boy. The bartender swung himself over the bar, caught the old man by the shoulders at the swinging doors, twisted him around and walked him back to his chair.

"Now sit down," he said softly. "It's not your place to worry about the boy. Keep your worry for yourself. I'll see that nothing happens to him."

Junge hat Angst bekommen und friert und braucht seine Mutter.»

«Wollen Sie sich bitte hinsetzen?» sagte der Barkellner. «Ich weiß alles von dem Jungen. Und Sie sind schon gar nicht der Mann, um ihn nach Hause zu seiner Mutter zu bringen.»

«Jemand muß ihn doch nach Hause zu seiner Mutter bringen», sagte der alte Mann leise, dann rülpste er. Er steckte in abgetragener und derber Kleidung von der Art, die man – das wußte der Barkellner – von Wohlfahrtsverbänden bekommt. Er besaß vermutlich noch dreißig oder vierzig Cents für Bier, Geld, das er sich höchstwahrscheinlich erbettelt hatte.

«Es ist der dritte Tag nach Weihnachten», fuhr der alte Mann fort. «Es ist noch nicht lange nach Weihnachten; keiner von uns hat das Recht, einfach zu vergessen, daß man so einem kleinen Burschen nach Hause helfen muß!»

«He, was ist eigentlich los?» fragte ein anderer Trinker von seinem Platz her.

«Nichts ist los», sagte der Barkellner. «Der Vater dieses Jungen hat zu ihm gesagt, er soll draußen auf ihn warten – das ist alles.» Der Mann wandte sich an Donald Efaw. «Wenn du nicht weißt, wie du nach Hause kommst, dann warte eben draußen, wie's dir dein Vater gesagt hat; sicher kommt er bald zurück und nimmt dich mit nach Hause. Nun mach voran – geh raus!»

Der Junge verließ das Lokal und begab sich wieder dorthin, wo er schon über eine Stunde gestanden hatte. Der alte Mann ging dem Jungen nach. Der Barkellner schwang sich über die Bar, griff vor der Schwingtür den Alten bei den Schultern, drehte ihn herum und führte ihn zurück zu seinem Stuhl.

«Jetzt setzen Sie sich», sagte er sanft. «Es steht Ihnen nicht zu, sich Gedanken über den Jungen zu machen. Kümmern Sie sich um sich selbst. Ich werde dafür sorgen, daß ihm nichts passiert.»

"What do you take me for, anyway?" the old man said again.

At the swinging doors for a look up and down the street the bartender, a short, heavy Irishman in his early fifties, turned and said, "Have you had a look at yourself in a mirror lately? You wouldn't get to the next corner holding the hand of a small boy."

"Why not?" the old man demanded.

"Because you don't look like any small boy's father or grandfather or friend or anything else."

"I've had children of my own," the old man said feebly.

"I know," the bartender said. "But just sit still. Some people are allowed to be kind to children and some aren't, that's all.

He took a bottle of beer to the old man's table and set it down by the old man's empty glass.

"Here's a bottle on me," he said. "I'm allowed to be kind to old men like yourself once in awhile, and you're allowed to be kind to bartenders like me once in awhile, but you're not allowed to be kind to a small boy whose father is some place in the neighborhood, most likely. Just sit still and drink your beer."

"I don't want your dirty beer," the old man said. "You can't hold *me* prisoner in your dirty saloon."

"Just sit still until the boy's father comes and takes him home, and then you can get out of here as fast as you like."

"I want to get out of here *now*," the old man said. "I don't have to take insults from anybody in this whole world. If I told you a few things about who
40 I am I guess you wouldn't talk to me the way you've
41 been talking."

«Für was halten Sie mich überhaupt?» sagte der alte Mann wieder.

Mit einem kurzen Blick die Straße auf und nieder wandte sich der Barkellner, ein kleiner, gedrungener Ire, Anfang der Fünfzig, an der Schwingtür um und sagte: «Haben Sie in letzter Zeit einmal in den Spiegel gesehen? Sie würden nicht bis zur nächsten Ecke kommen, mit dem kleinen Jungen an der Hand.»

«Warum nicht?» fragte der alte Mann.

«Weil Sie nicht wie der Vater irgend eines kleinen Jungen aussehen oder wie ein Großvater oder Freund oder sowas.»

«Ich habe selbst Kinder gehabt», sagte der Alte leise.

«Ich weiß», sagte der Barkellner. «Aber sitzen Sie bloß still. Manche Leute dürfen eben nett zu Kindern sein, und manche nicht. Das ist alles.»

Er brachte eine Flasche Bier zum Tisch des alten Mannes und stellte sie neben sein leeres Glas.

«Hier ist eine Flasche auf meine Rechnung», sagte er. «Ich darf zu alten Leuten, wie Sie einer sind, gelegentlich nett sein, und Sie dürfen gelegentlich zu Barkellnern, wie ich einer bin, nett sein. Aber Sie dürfen nicht nett sein zu einem kleinen Burschen, dessen Vater wahrscheinlich in einem Lokal hier in der Nähe ist. Sitzen Sie lieber still und trinken Sie Ihr Bier.»

«Ich brauche Ihr dreckiges Bier nicht», sagte der alte Mann. «Und Sie können mich nicht gefangen halten in Ihrer dreckigen Bar.»

«Bleiben Sie bloß still sitzen, bis der Vater des Jungen kommt und ihn nach Hause bringt, dann können Sie so schnell Sie wollen hier heraus.»

«Ich will aber *jetzt* hier raus», sagte der alte Mann. «Ich brauche von niemand in der ganzen Welt Schimpfworte einzustecken. Wenn ich Ihnen mal was darüber erzählte, wer ich bin, ich glaube, dann würden Sie nicht so zu mir sprechen, wie Sie gesprochen haben.»

"All right," the bartender said. He wanted to keep things from getting out of hand, he didn't want a fuss, and he felt he might be able to humor the old man out of his wish to be helpful to the boy. "Tell me a few things about who you are and maybe I won't talk to you the way I've been talking."

"I'll say you won't," the old man said.

The bartender was glad to notice that the old man was pouring beer into his glass. He watched the old man drink the top third of the glass, and then the old man said, "My name is Algayler, that's what it is."

He drank some more of his beer and the bartender waited for him to go on. He was standing at the end of the bar now, so he could keep his eyes on the boy in the street. The boy was rubbing his hands together, but it was all right. He was a boy who had been toughened by hard times of all kinds, and this waiting in the street for his father wasn't going to be too much for him.

"Algayler," the old man said again, and he went on softly. The bartender couldn't hear what he was saying now, but that didn't matter because he knew the old man would be all right from now on. He was back in himself altogether again where he belonged.

A woman who had been coming to the saloon every day now around noon for a week or so came in with a fox-terrier on a leash and said. "There's a small boy standing out front in the cold. Now, whose boy is he?"

The woman clamped her false teeth together as she looked over the drinkers, and her dog danced around her feet getting used to the warmth of the place.

"He's all right," the bartender said. "His father's gone on an errand. He'll be back in a minute."

"Well, he'd *better* be back in a minute," the woman

«Gut, gut», sagte der Barkellner. Er wollte nicht, daß ihm die Sache aus der Hand glitt, er wollte keinen Krach, und er spürte, daß er den Alten im Guten davon abbringen konnte, dem Jungen durchaus helfen zu wollen. «Erzählen Sie mir was darüber, wer Sie sind, und vielleicht sprech ich dann ganz anders zu Ihnen, nicht so wie jetzt.»

«Das würden Sie sicher, sag ich Ihnen!» sagte der alte Mann.

Der Barkellner war froh, als er sah, daß der Alte sich Bier in sein Glas goß. Er beobachtete, wie er das erste Drittel des Glases austrank, und dann sagte der alte Mann: «Mein Name ist Algayler, ja, das ist mein Name.»

Er trank noch etwas Bier, und der Barkellner wartete, daß er weiterspräche. Er stand jetzt am Ende der Theke, so daß er ein Auge auf den Jungen auf der Straße haben konnte. Das Kind rieb die Hände aneinander, aber sonst fehlte ihm offenbar nichts. Es war ein Junge, der durch Härten aller Art zäh geworden war, und das Warten auf der Straße, bis der Vater käme, würde ihm nicht übermäßig viel anhaben können.

«Algayler», sagte der alte Mann wieder, und er sprach leise weiter. Der Barkellner konnte nicht hören, was er dann sagte, aber das machte nichts, denn er wußte, daß der Alte von jetzt an in Ordnung war. Er hatte wieder völlig zu sich selbst zurückgefunden.

Eine Frau, die schon etwa eine Woche jeden Tag um Mittag in die Bar kam, trat ein mit einem Foxterrier an der Leine und sagte: «Draußen steht ein kleiner Junge vor der Tür – in der Kälte! Zu wem gehört er denn?»

Die Frau biß die falschen Zähne zusammen, als sie die Trinker musterte, und der Hund tanzte um ihre Füße, um sich an die Wärme des Lokals zu gewöhnen.

«Ihm fehlt nichts», sagte der Barkellner. «Sein Vater macht eine Besorgung. Er wird jede Minute zurückkommen.»

«Er täte gut daran, in einer Minute zurückzukommen», sagte

said. "If there's one thing I can't stand it's a father who leaves a boy standing in the street."

"Algayler," the old man turned and said in a very loud voice.

"What did you say to me, you drunken old bum?" the woman said. Her dog moved toward the old man, tightening the leash, and barked several times.

"It's all right," the bartender said politely. "He only said his name."

"Well, it's a good thing he didn't say something else," the woman said, clamping down on her false teeth again.

The dog calmed down a little, too, but still had to dance about because of the warmth. He was wearing the coat she always strapped on him in the cold weather, but it never did his feet any good, and it was his feet that felt the cold the most.

The bartender poured beer into a glass for the woman and she began to drink, standing at the bar. Finally, she got up on a stool to take things easy, and the dog stopped dancing to look around the place.

The bartender took Algayler another bottle of free beer and without a word, or even a glance, they were agreed that they could get along on this basis.

A man of thirty-five or so whose face and neatly trimmed moustache seemed faintly familiar came in from the 37th Street entrance and asked for a shot of bourbon, and after the drink had been poured, the bartender said very quietly so that no one else would hear him, "That wouldn't be your son standing outside, would it?"

The man had lifted the small glass to his lips, look-
44 ing at it, but now, having heard the question, he
45 looked away from the glass to the bartender, then

die Frau. «Wenn ich etwas nicht ausstehen kann, dann ist es ein Vater, der seinen Jungen auf der Straße rumstehen läßt!»

«Algayler.» Der alte Mann drehte sich um und sprach mit sehr lauter Stimme.

«Was sagen Sie zu mir, Sie betrunkener alter Strolch?» sagte die Frau. Der Hund ging auf den alten Mann zu, strammte die Leine und bellte ein paar Mal.

«Es ist nichts Schlimmes», sagte der Barkellner höflich. «Er hat nur seinen Namen gesagt.»

«Na, dann ist es ja in Ordnung, wenn er nichts anderes gesagt hat», meinte die Frau und biß ihre falschen Zähne wieder zusammen.

Auch der Hund beruhigte sich ein wenig, mußte aber immer noch wegen der Wärme herumtanzen. Er trug eine kleine Schabracke, die sie ihm bei kaltem Wetter immer anzog, aber die nützte seinen Pfoten nichts, und seine Pfoten waren es, die die Kälte am meisten spürten.

Der Barkellner goß Bier für die Frau in ein Glas, und sie begann, an der Bar stehend, zu trinken. Schließlich kletterte sie auf einen Barstuhl, um sich's gemütlich zu machen, und der Hund hörte auf zu tanzen, um herumzuschnüffeln.

Der Barkellner brachte Algayler eine weitere Flasche Freibier, und ohne ein Wort, ja ohne einen Blick waren beide übereingekommen, auf dieser Basis Frieden zu halten.

Ein Mann von etwa fünfunddreißig, dessen Gesicht und sauber geschnittenes Bärtchen irgendwie bekannt schienen, trat von der Tür zur siebenunddreißigsten Straße her ein und forderte einen Schluck Bourbon; der Barkellner schenkte ein und fragte darauf so leise, daß kein anderer ihn hören konnte: «Das ist doch sicher nicht Ihr Sohn, der da draußen steht, nicht wahr?»

Der Mann hatte das kleine Glas an die Lippen gehoben und dabei angeschaut, aber nun, nachdem er die Frage gehört hatte, sah er vom Glas auf zum Barkellner, schluckte schnell hin-

swallowed the drink quickly and without a word moved to the front window to have a look at the boy. At last he turned to the bartender and shook his head. He wanted another and had it and then went out and walked past the boy, hardly noticing him.

After finishing the second free bottle of beer Algayler began to doze in his chair, and the woman with the fox-terrier began to tell the bartender something about her dog.

"I've had Tippy all his life," she said, "and we've been together the whole time. Every minute of it."

A fellow under thirty in pretty good clothes came in at a quarter after twelve and asked for Johnny Walker Black Label over ice with a water chaser, but quickly settled for Red Label, and after finishing the drink said, "Where's the television?"

"We don't have any."

"No television?" the man said cheerfully. "What kind of a bar is this, anyway? I did'n know there was a bar in New York that didn't have a television. What do people look at in here, anyway?"

"All we've got is the phonograph."

"Well, O.K., then," the man said. "If that's all you've got, that's all you've got. What would you like to hear?"

"Suit yourself."

The man studied the titles of the various records that were in the machine and then said, "How about Benny Goodman doing *Jingle Bells?*"

"Suit yourself," the bartender said.

"O.K.," the man said, putting a nickel into the slot. "*Jingle Bells* it is."

The machine began to work as the man sat at the bar again and the bartender fixed him another Red

unter und ging wortlos zum Fenster, um einen Blick auf den Jungen zu werfen. Schließlich wandte er sich nach dem Barkellner um und schüttelte den Kopf. Er forderte noch ein Glas und trank es aus, dann ging er hinaus und an dem Jungen vorbei, ihn kaum beachtend.

Nachdem Algayler seine zweite Flasche Freibier ausgetrunken hatte, begann er auf seinem Stuhl vor sich hinzudösen, und die Frau mit dem Foxterrier fing an, dem Barkellner etwas von ihrem Hund zu erzählen.

«Ich habe Tippy seit er lebt», sagte sie, «und wir sind die ganze Zeit zusammen gewesen. Jede Minute!»

Ein Mann unter Dreißig in ziemlich guter Kleidung kam um Viertel nach zwölf herein und bestellte sich einen Johnny Walker, Schwarzes Etikett, auf Eis und mit einem Glas Wasser, entschied sich dann rasch für Rotes Etikett, und als er ausgetrunken hatte, fragte er: «Wo ist der Fernseh-Apparat?»

«Wir haben keinen.»

«Keinen Fernsehapparat?» fragte der Mann aufgeräumt. «Ja, was ist denn das für'n Laden? Ich wußte nicht, daß es in ganz New York 'ne Bar gibt, die keinen Fernsehapparat hat. Was sehen sich die Leute denn hier drin an?»

«Wir haben bloß einen Musikautomaten.»

«Gut, also okay», sagte der Mann. «Wenn das alles ist, was Sie haben, dann ist es eben alles. Was möchten Sie gern hören?»

«Ganz nach Ihrem Belieben.»

Der Mann studierte die Titel der verschiedenen Platten, die im Automaten waren, und sagte dann: «Wie wär's mit Benny Goodman – ‹Jingle Bells›?»

«Wie Sie wünschen», sagte der Barkellner.

«Okay», sagte der Mann und steckte einen Nickel in den Schlitz, «also ‹Jingle Bells›.»

Der Automat lief an, während sich der Mann wieder an die Bar setzte und der Barkellner ihm noch ein Glas Rotes Etikett

Label over ice. The music began and after listening a moment the man said, "That ain't *Jingle Bells*, that's something else."

"You pressed the wrong number."

"Well," the man said pleasantly, "no matter. No matter at all. That ain't a bad number, either."

The boy came in again but the machine was making too much noise for the bartender to be able to tell him to get out without shouting at him, so he went to the boy and led him out to his place in the street.

"Where's my father?" Donald Efaw said.

"He'll be back in a minute. You just stay out here."

This went on until half past two when snow began to fall. The bartender chose an appropriate moment to go out and bring the boy in. He began to make trips to the kitchen fetching the boy things to eat. The boy sat on a box, behind the bar, out of sight, and ate off the top of another box.

After eating, the boy began to fall asleep, so the bartender fixed him a place to stretch out on some empty beer cases, using his overcoat for a mattress and three old aprons out of the laundry bag and his street coat for covering. He and the boy hadn't said a word since he had brought the boy in, and now, stretched out, on the verge of falling asleep, the boy almost smiled and wept at the same time.

The morning drinkers were gone now, including Algayler and the woman with the false teeth and the fox-terrier and the trade changed once again while the boy slept.

It was a quarter to five when the boy sat up. He remembered the bartender after a moment, but again they didn't speak. He sat up, as if he were in his bed at home, and then, after dreaming with his eyes open for ten minutes, stepped down.

über Eis mischte. Die Musik begann, und nachdem der Mann einen Augenblick zugehört hatte, sagte er: «Das ist nicht ‹Jingle Bells›, das ist etwas anderes.»

«Sie haben auf die falsche Nummer gedrückt.»

«Na», sagte der Mann freundlich, «spielt keine Rolle. Spielt keine Rolle. Das da ist auch keine schlechte Nummer.»

Der Junge kam wieder herein, aber der Musikautomat machte zu viel Lärm – der Barkellner konnte ihm nicht sagen, er solle hinausgehen, ohne ihn anzuschreien, und so ging er hinüber zu dem Jungen und führte ihn hinaus auf die Straße.

«Wo ist mein Vater?» sagte Donald Efaw.

«Er wird jede Minute zurück sein. Warte nur hier draußen!»

So ging es weiter bis halb drei, als es anfing zu schneien. Der Barkellner paßte einen geeigneten Augenblick ab, um hinauszugehen und den Jungen hereinzuholen. Er machte kleine Abstecher in die Küche und holte dem Kind etwas zu essen. Der Junge saß auf einer Kiste hinter der Theke, so daß ihn niemand sehen konnte, und aß von dem Deckel einer zweiten Kiste.

Nachdem er gegessen hatte, wurde er schläfrig, und nun machte ihm der Barkellner ein Lager auf ein paar leeren Bierkästen, wo er sich ausstrecken konnte; er benutzte seinen Mantel als Matratze und drei alte Schürzen aus dem Wäschebeutel und sein Jackett als Decke. Sie hatten beide kein Wort gesprochen, er und der Junge, seit er ihn hereingebracht hatte, und als das Kind sich jetzt ausstreckte und am Einschlafen war, lächelte und weinte es beinahe gleichzeitig.

Die morgendlichen Trinker waren weggegangen, mit ihnen Algayler und die Frau mit den falschen Zähnen und dem Foxterrier, und das einkehrende Publikum wechselte ein weiteres Mal während der Junge immer noch schlief.

Es war Viertel vor fünf, als er sich aufrichtete. Er erinnerte sich schnell an den Barkellner, aber sie sprachen wieder nicht. Er setzte sich auf, als wäre er zu Hause in seinem Bett, träumte zehn Minuten mit offenen Augen und stieg dann herunter.

It was dark outside now and it was snowing the way it does in a storm. The boy watched the snow a moment and then turned and looked up at the bartender.

"Did my father come back?" he said.

"Not yet," the bartender said.

He knelt down to talk to the boy.

"I'll be through work in a few minutes, and if you can show me your house when you see it, I'll try to get you home."

"Didn't my father come back?"

"No, he didn't. Maybe he forgot where he left you."

"He left me right here," the boy said, as if that were something impossible to forget. "Right out front."

"I know."

The night bartender came out of the kitchen in his white coat and noticed the boy.

"Who's that, John? One of your kids?"

"Yeah," the bartender said because he didn't want to try to tell the other bartender what had happened.

"Where'd he get that coat?"

The boy winced and looked at the floor.

"It's one of my old coats," the bartender said. "He's got his own of course, but this is the coat he *likes* to wear."

The boy looked up at the bartender suddenly, amazed.

"Yeah, that's the way it is with kids, John," the night bartender said. "Always wanting to be like the old man."

"That's right," the other said.

 He took off his white coat and got into his street
 coat and overcoat, and took the boy by the hand.

Jetzt war es draußen dunkel, und es schneite so heftig wie bei einem Unwetter. Der Junge betrachtete einen Augenblick den Schnee, dann wandte er sich um und sah zu dem Barkellner auf.

«Ist mein Vater zurückgekommen?» fragte er.

«Noch nicht», sagte der Barkellner.

Er kniete sich zu dem Jungen, um mit ihm zu sprechen.

«In ein paar Minuten bin ich mit meiner Arbeit fertig, und wenn du mir euer Haus zeigen kannst, wenn du's siehst, werde ich versuchen, dich nach Hause zu bringen.»

«Ist denn mein Vater nicht gekommen?»

«Nein, er ist nicht gekommen. Vielleicht hat er vergessen, wo er dich stehen ließ.»

«Er ließ mich doch hier», sagte der Junge, als wäre das etwas, was man unmöglich vergessen kann. «Direkt vor der Tür.»

«Ich weiß.»

Der Barkellner vom Nachtdienst kam in seiner weißen Jacke aus der Küche und sah den Jungen.

«Wer ist denn das, John? Eins von deinen Kindern?»

«Hmmm ja», sagte der Barkellner, der keine Lust hatte, dem andern auseinanderzusetzen, was geschehen war.

«Wo hat er denn den Rock her?»

Der Junge zuckte zusammen und sah zu Boden.

«Es ist ein alter Rock von mir», sagte der Barkellner. «Er hat natürlich einen eigenen, aber er will durchaus gerade diesen alten Rock tragen.»

Der Junge blickte mit einem Mal zu dem Barkellner auf, überrascht.

«Ja, ja, John, so ist es nun einmal mit Kindern», sagte der vom Nachtdienst, «immer wollen sie gerne so sein wie der Vater.»

«Das stimmt», sagte der Barkellner.

Er legte seinen weißen Kittel ab und zog sein Straßenjackett und seinen Mantel an und nahm den Jungen bei der Hand.

"Good night," he said, and the night bartender answered him and watched him step out into the street with the boy.

They walked together in silence three blocks and then stepped into a drug store and sat at the counter.

"Chocolate or vanilla?"

"I don't know."

"One chocolate, one vanille ice cream soda," the bartender said to the soda jerk, and when the drinks were set down on the counter the bartender went to work on the vanilla. The boy did all right on the other, and then they stepped out into the snow again.

"Now, try to remember which way you live. Can you do that?"

"I don't *know* which way."

The bartender stood in the snow, trying to think what to do, but the going was tough, and he got nowhere.

"Well," he said at last, "do you think you could spend the night at my house with my kids? I' ve got two boys and a little girl. We'll make a place for you to sleep, and tomorrow your father will come and get you."

"Will he?"

"Sure he will."

They walked along in the silent snow and then the bartender heard the boy begin to cry softly. He didn't try to comfort the boy because he knew there was no comforting him. The boy didn't let himself go, though, he just cried softly, and moved along with his friend. He had heard about strangers and he had heard about enemies and he had come to believe that they were the same thing, but here was somebody he had never seen before who was neither a stranger

«Gute Nacht», sagte er, und sein Kollege wünschte ihm auch Gute Nacht und sah ihm nach, wie er mit dem Jungen auf die Straße trat.

Schweigend gingen sie drei Blocks weiter, dann traten sie in einen Drugstore und setzten sich an den Ladentisch.

«Schokolade oder Vanille?»

«Ich weiß nicht.»

«Ein Schokoladen- und ein Vanille-Eiscreme-Soda» sagte der Barkellner zu dem Soda-Jungen, und als die Gläser auf der Theke standen, machte sich der Barkellner an das Vanille-Eis. Der Junge ließ sich das andere schmecken, und dann gingen sie wieder zusammen hinaus in den Schnee.

«So, nun versuch dich mal zu erinnern, in welcher Richtung du wohnst. Kannst du das wohl?»

«Ich weiß die Richtung nicht.»

Der Barkellner stand im Schnee und versuchte sich klarzumachen, was er tun sollte, aber das war schwer und er kam nicht weit.

«Also», sagte er schließlich, «was meinst du – willst du die Nacht zu Hause bei mir und meinen Kindern bleiben? Ich habe zwei Jungen und ein kleines Mädel. Wir machen dir ein Lager, wo du schlafen kannst, und morgen kommt dein Vater und holt dich ab.»

«Kommt er?»

«Na sicher!»

Sie gingen weiter im lautlosen Schneetreiben, und dann hörte der Barkellner, wie der Junge leise zu weinen anfing. Er versuchte nicht, ihn zu trösten, weil er wußte, daß es für ihn keinen Trost gab. Aber der Junge ließ sich nicht gehen, er weinte nur ganz leise und ging mit seinem Freund weiter. Er hatte von Fremden gehört und er hatte von Feinden gehört, und war zu der Meinung gekommen, daß sie ein und dasselbe seien, aber hier war nun jemand, den er nie zuvor gesehen hatte, und der doch weder ein Fremder noch ein Feind war.

nor an enemy. All the same it was awful lonesome without his angry father.

They began to go up some steps that were covered with snow and the boy's friend said, "This is where we live. We'll have some hot food and then you can go to bed until tomorrow when your father will come and get you."

"When will he come?" the boy said.

"In the morning," his friend said.

When they stepped into the light of the house the bartender saw that the boy was finished crying, perhaps for the rest of his life.

Trotzdem war es schrecklich einsam ohne seinen ewig gereizten Vater.

Sie fingen an, ein paar Stufen hinaufzusteigen, die mit Schnee bedeckt waren, und der Freund des Jungen sagte: «Siehst du, hier wohnen wir. Jetzt bekommen wir etwas Warmes zu essen, und dann kannst du dich schlafen legen, bis morgen, wenn dein Vater dich abholen kommt.»

«Wann wird er kommen?» fragte der Junge.

«Morgen früh», sagte sein Freund.

Als sie in das beleuchtete Haus traten, sah der Barkellner, daß der Junge nicht mehr weinte – vielleicht würde er nie mehr weinen müssen.

John Steinbeck

The Murder

This happened a number of years ago in Monterey County, in central California. The Canyon del Castillo is one of those valleys in the Santa Lucia range which lie between its many spurs and ridges. From the main Canyon del Castillo a number of little arroyos cut back into the mountains, oak-wooded canyons, heavily brushed with poison oak and sage. At the head of the canyon there stands a tremendous stone castle, buttressed and towered like those strongholds the Crusaders put up in the path of their conquests. Only a close visit to the castle shows it to be a strange accident of time and water and erosion working on soft stratified sandstone. In the distance the ruined battlements, the gates, the towers, even the narrow slits, require little imagination to make out.

Below the castle, on the nearly level floor of the canyon, stands the old ranch house, a weathered and mossy barn and a warped feeding-shed for cattle. The house is deserted; the doors, swinging on rusted hinges, squeal and bang on nights when the wind courses down from the castle. Not many people visit the house. Sometimes a crowd of boys tramp through the rooms, peering into empty closets and loudly defying the ghosts they deny.

Jim Moore, who owns the land, does not like to have people about the house. He rides up from his new house, farther down the valley, and chases the

John Steinbeck
Der Mord

Dies geschah vor einer Reihe von Jahren im Bezirk Monterey in Mittelkalifornien. Der Cañon del Castillo ist eins jener Täler in der Santa-Lucia-Kette, die zwischen ihren vielen Graten und Vorbergen liegen. Vom großen Castillo-Cañon schneiden viele Seitentäler tief in die Berge, eichenbewaldete Schluchten, dicht überwuchert von Sumach und Salbei. Am Kopf des Cañons steht ein riesiges steinernes Kastell mit Strebepfeilern und Türmen, den Festungen gleich, welche die Kreuzfahrer im Zuge ihrer Eroberungen errichteten. Erst wenn man nahe an das Schloß herangeht zeigt es sich, daß hier ein seltsames Zufallsspiel von Zeit und Wasser und Verwitterung an dem weichen, schichtenförmigen Sandstein gearbeitet hat. Aus der Ferne kann man, ohne daß es besonderer Phantasie bedürfte, die verfallenen Zinnen, Tore, Türme und sogar die schmalen Schießscharten erkennen.

Unter dieser Burg, auf dem fast ebenen Boden des Tals, steht das alte Farmhaus mit einer verwitterten, moosbewachsenen Scheune und einem windschiefen Futterschuppen für das Vieh. Das Haus ist verlassen; die Türen, auf rostigen Angeln hängend, quietschen und schlagen nachts, wenn der Wind vom Schloß herunterfährt. Nicht viele Leute besuchen das Haus. Manchmal zieht eine Horde Jungen durch die Räume, in leere Schränke spähend, und die Gespenster, die sie leugnen, laut herausfordernd.

Jim Moore, dem das Land gehört, mag nicht gern Leute dort im Hause haben. Er reitet von seinem neuen Haus weiter unten im Tal herauf und jagt die Jungen fort. Er hat Schilder mit

boys away. He has put "No Trespassing" signs on his fences to keep curious and morbid people out. Sometimes he thinks of burning the old house down, but then a strange and powerful relation with the swinging doors, the blind and desolate windows, forbids the destruction. If he should burn the house he would destroy a great and important piece of his life. He knows that when he goes to town with his plump and still pretty wife, people turn and look at his retreating back with awe and some admiration.

Jim Moore was born in the old house and grew up in it. He knew every grained and weathered board of the barn, every smooth, worn manger-rack. His mother and father were both dead when he was thirty. He celebrated his majority by raising a beard. He sold the pigs and decided never to have any more. At last he bought a fine Guernsey bull to improve his stock, and he began to go to Monterey on Saturday nights, to get drunk and to talk with the noisy girls of the Three Star.

Within a year Jim Moore married Jelka Sepic, a Jugo-Slav girl, daughter of a heavy and patient farmer of Pine Canyon. Jim was not proud of her foreign family, of her many brothers and sisters and cousins, but he delighted in her beauty. Jelka had eyes as large and questioning as a doe's eyes. Her nose was thin and sharply faceted, and her lips were deep and soft. Jelka's skin always startled Jim, for between night and night he forgot how beautiful it was. She was so smooth and quiet and gentle, such a good housekeeper, that Jim often thought with disgust of her father's advice on the wedding day. The old man, bleary and bloated with festival beer,

‹Zugang verboten› an seinen Zäunen angebracht, um neugierige und gespenstersüchtige Leute fernzuhalten. Manchmal denkt er daran, das alte Haus niederzubrennen, doch dann verbietet ihm eine seltsame und starke Verbundenheit mit diesen schwingenden Türen und den blinden, trostlosen Fenstern die Zerstörung. Wenn er das Haus verbrennen würde, so würde er ein großes und wichtiges Stück seines Lebens vernichten. Er weiß, wenn er mit seiner rundlichen und immer noch hübschen Frau zur Stadt kommt, sehen sich die Leute um und betrachten seinen sich entfernenden Rücken mit Scheu und ein wenig Bewunderung.

Jim Moore war in dem alten Haus geboren und aufgewachsen. Er kannte jedes der faserigen, verwitterten Bretter in der Scheune, jede glatte, abgewetzte Futterkrippe. Als er an die Dreißig kam, waren sein Vater und seine Mutter bereits tot. Er feierte seine Volljährigkeit, indem er sich einen Bart wachsen ließ. Er verkaufte die Schweine und beschloß, nie wieder welche zu halten. Schließlich kaufte er einen prachtvollen Guernsey-Bullen, um seine Herden hochzuzüchten, und begann Samstag abends nach Monterey zu gehen, sich zu betrinken und mit den überlauten Mädchen aus den ‹Drei Sternen› zu schwatzen.

Im Laufe des Jahres heiratete Jim Moore ein jugoslawisches Mädchen, Jelka Sepic, die Tochter eines schwerfälligen und geduldigen Bauern aus dem Pine Cañon. Jim war nicht gerade stolz auf ihre ausländische Familie, ihre vielen Brüder und Schwestern und Vettern, aber er war entzückt von ihrer Schönheit. Jelkas Augen waren so groß und fragend wie die eines Rehes. Ihre Nase war schmal und scharf geschnitten und ihre Lippen waren voll und weich. Jelkas Haut verwirrte Jim immer wieder, denn er vergaß von einer Nacht zur andern, wie schön sie war. Jelka war so sanft und ruhig und freundlich, war eine so gute Hausfrau, daß Jim nur mit Abscheu an ihres Vaters Rat am Hochzeitstage denken konnte. Der Alte – benebelt und geschwollen vom Festtagsbier – hatte Jim einen Rippenstoß

elbowed Jim in the ribs and grinned suggestively, so that his little dark eyes almost disappeared behind puffed and wrinkled lids.

"Don't be a big fool, now," he said. "Jelka is Slav girl. He's not like American girl. If he is bad, beat him. If he's good too long, beat him too. I beat his mama. Papa beat my mama. Slav girl! He's not like a man that don't beat hell out of him."

"I wouldn't beat Jelka," Jim said.

The father giggled and nudged him with his elbow, "Don't be big fool," he warned. "Sometime you see." He rolled back to the beer barrel.

Jim found soon enough that Jelka was not like the American girls. She was very quiet. She never spoke first, but only answered his questions, and then with soft short replies. She learned her husband as she learned passages of Scripture. After they had been married a while, Jim never wanted for any habitual thing in the house but Jelka had it ready for him before he could ask. She was a fine wife, but there was no companionship in her. She never talked. Her great eyes followed him, and when he smiled, sometimes she smiled too, a distant and covered smile. Her knitting and mending and sewing were interminable. There she sat, watching her wise hands, and she seemed to regard with wonder and pride the little white hands that could do such nice and useful things. She was so much like an animal that sometimes Jim patted her head and neck under the same impulse that made him stroke a horse.

In the house Jelka was remarkable. No matter what time Jim came in from the hot dry range or from the
60 bottom farm land, his dinner was exactly, steamingly
61 ready for him. She watched while he ate, and pushed

gegeben und vielsagend gegrinst, so daß seine kleinen dunklen Augen beinahe hinter den gedunsenen und faltigen Lidern verschwanden.

«Sei kein Narr», sagte er. «Jelka ist ein slawisches Mädchen. Sie ist nicht wie eine Amerikanerin. Ist sie schlecht, schlage sie. Ist sie zu lange brav, schlage sie auch. Ich habe ihre Mutter geschlagen. Mein Vater hat meine Mutter geschlagen. Slawenmädel! Der ist kein Kerl, der nicht den Teufel aus ihr herausprügelt!»

«Ich würde Jelka nicht schlagen», sagte Jim.

Der Vater kicherte und stieß ihn wieder mit dem Ellbogen an. «Sei nicht so ein Esel!» warnte er. «Eines Tages wirst du's einsehen.» Er trottete wieder zum Bierfaß.

Jim fand bald genug heraus, daß Jelka nicht war wie die amerikanischen Mädchen. Sie war immer still. Sie sprach nie zuerst, sondern antwortete nur auf seine Fragen, und dann mit sanften kurzen Worten. Sie studierte ihren Mann, wie sie Bibelstellen studierte. Nachdem sie eine Weile verheiratet waren, brauchte Jim kein alltägliches Ding im Haus mehr zu fordern, sondern Jelka hielt es für ihn bereit, ehe er es aussprach. Sie war eine prachtvolle Ehefrau, aber sie kannte keine Geselligkeit. Sie schwatzte nie. Ihre großen Augen folgten ihm, und wenn er lächelte, dann lächelte auch sie manchmal ein fernes, verstohlenes Lächeln. Sie strickte und stopfte und nähte unaufhörlich. Sie konnte dasitzen und ihre geschickten Hände betrachten, und sie beobachtete anscheinend mit Staunen und Stolz die kleinen weißen Hände, die solche netten und nützlichen Dinge tun konnten. Sie hatte so viel von einem Tier, daß Jim manchmal ihren Kopf und Nacken aus dem gleichen Trieb liebkoste, aus dem er ein Pferd tätschelte.

Im Hause war Jelka geradezu erstaunlich. Gleichviel zu welcher Zeit Jim heimkam, vom heißen trockenen Weideland oder vom unteren Acker, das dampfende Essen war soeben für ihn fertig geworden. Sie paßte auf, während er aß, schob ihm die

the dishes close when he needed them, and filled his cup when it was empty.

Early in the marriage he told her things that happened on the farm, but she smiled at him as a foreigner does who wishes to be agreeable even though he doesn't understand.

"The stallion cut himself on the barbed wire," he said.

And she replied, "Yes," with a downward inflection that held neither question nor interest.

He realized before long that he could not get in touch with her in any way. If she had a life apart, it was so remote as to be beyond his reach. The barrier in her eyes was not one that could be removed, for it was neither hostile nor intentional.

At night he stroked her straight black hair and her unbelievably smooth golden shoulders, and she whimpered a little with pleasure. Only in the climax of his embrace did she seem to have a life apart, fierce and passionate. And then immediately she lapsed into the alert and painfully dutiful wife.

"Why don't you ever talk to me," he demanded. "Don't you want to talk to me?"

"Yes," she said. "What do you want me to say?" She spoke the language of his race out of a mind that was foreign to his race.

When a year had passed, Jim began to crave the company of women, the chattery exchange of small talk, the shrill pleasant insults, the shame-sharpened vulgarity. He began to go again to town, to drink and to play with the noisy girls of the Three Star. They liked him there for his firm, controlled fall and for his readiness to laugh.

"Where's your wife?" they demanded.

Schüsseln hin, wenn er sie brauchte und füllte seinen Becher, wenn er leer war.

Im Anfang ihrer Ehe erzählte er ihr von den Dingen, die auf der Farm geschehen waren, aber sie lächelte ihm zu wie eine Fremde, die liebenswürdig sein will, obwohl sie einen nicht versteht.

«Der Hengst hat sich am Stacheldraht aufgerissen», sagte er.

Und sie erwiderte: «Ja», mit einem Senken des Kopfes, in dem weder Frage noch Interesse lag.

Er merkte bald, daß er ihr auf keine Weise nahekommen konnte. Wenn sie ein Eigenleben führte, war es ihm so fern, daß er es nicht erreichen konnte. Die Schranke in ihren Augen war keine, die sich entfernen ließ, denn sie war weder feindlich noch beabsichtigt.

Nachts streichelte er ihr glattes schwarzes Haar und ihre unglaublich weichen goldenen Schultern, und sie gab kleine Laute des Behagens von sich. Nur auf dem Höhepunkt seiner Umarmung schien sie ein eigenes Leben zu haben, ein wildes, leidenschaftliches. Und sofort danach fiel sie wieder in die Rolle der aufmerksamen, peinlich pflichttreuen Ehefrau.

«Warum sprichst du niemals zu mir?» fragte er. «Magst du nicht mit mir sprechen?»

«Doch», erwiderte sie. «Was willst du hören? Was soll ich sagen?» Sie sprach die Sprache seines Volkes aus einem Sinn, der seinem Volke fremd war.

Als ein Jahr vergangen war, fing Jim an, die Gesellschaft von Frauen zu suchen, ihr kleines Alltagsgeschwätz, ihr grelles lustiges Gezänk, ihre peinliche Gewöhnlichkeit. Er begann wieder zur Stadt zu reiten, zu trinken und mit den überlauten Mädchen aus den ‹Drei Sternen› herumzutändeln. Sie mochten ihn dort gern, seine feste, beherrschte Redeweise und sein immer bereites Lachen.

«Wo ist deine Frau?» fragten sie.

"Home in the barn," he responded. It was a never-failing joke.

Saturday afternoons he saddled a horse and put a rifle in the scabbard in case he should see a deer. Always he asked, "You don't mind staying alone?"

"No. I don't mind."

And once he asked, "Suppose someone should come?"

Her eyes sharpened for a moment, and then she smiled. "I would send them away," she said.

"I'll be back about noon tomorrow. It's too far to ride in the night." He felt that she knew where he was going, but she never protested nor gave any sign of disapproval. "You should have a baby," he said.

Her face lighted up. "Some time God will be good," she said eagerly.

He was sorry for her loneliness. If only she visited with the other women of the canyon she would be less lonely, but she had no gift for visiting. Once every month or so she put horses to the buckboard and went to spend an afternoon with her mother, and with the brood of brothers and sisters and cousins who lived in her father's house.

"A fine time you'll have," Jim said to her. "You'll gabble your crazy language like ducks for a whole afternoon. You'll giggle with that big grown cousin of yours with the embarrassed face. If I could find any fault with you, I'd call you a damn foreigner." He remembered how she blessed the bread with the sign of the cross before she put it in the oven, how she knelt at the bedside every night, how she had a holy picture tacked to the wall in the closet.

 One Saturday of a hot dusty June, Jim cut oats in
 the farm flat. The day was long. It was after six

«Zu Hause im Stall», antwortete er. Es war ein nie versagender Scherz.

An den Samstag-Nachmittagen sattelte er ein Pferd und steckte ein Gewehr in das Futteral, für den Fall, daß er ein Stück Wild sehen sollte. Immer fragte er: «Macht es dir nichts aus, allein zu bleiben?»

«Nein. Es macht mir nichts aus.»

Und einmal fragte er: «Und falls jemand herkäme?»

Ihre Augen wurden eine Sekunde scharf, dann lächelte sie. «Ich würde sie wegschicken.»

«Ich werde morgen Mittag zurück sein. Es ist zu weit, um in der Nacht zurückzureiten.» Er spürte, daß sie wußte, wohin er ging, aber sie machte niemals Einwendungen und gab kein Zeichen von Mißfallen. «Du solltest ein Kind haben», sagte er.

Ihr Gesicht leuchtete auf. «Eines Tages wird Gott gut zu uns sein», sagte sie eifrig.

Sie tat ihm leid in ihrer Einsamkeit. Wenn sie nur mit den andern Frauen aus dem Cañon verkehren würde, wäre sie weniger einsam; aber sie besaß keine geselligen Gaben. Einmal in jedem Monat spannte sie die Pferde vor den Kutschwagen und fuhr auf einen Nachmittag zu ihrer Mutter und der ganzen Sippschaft von Brüdern und Schwestern und Vettern, die in ihres Vaters Haus lebten.

«Du wirst es ja lustig haben», sagte Jim zu ihr. «Einen ganzen Nachmittag werdet ihr wie Enten eure verrückte Sprache schnattern. Du wirst mit deinem Vetter herumschäkern, dem großen, erwachsenen mit dem verlegenen Gesicht. Wenn ich irgend etwas an dir auszusetzen fände, würde ich dich verdammte Ausländerin nennen.» Er dachte daran, wie sie das Brot mit dem Zeichen des Kreuzes segnete, ehe sie es in den Ofen schob, wie sie jeden Abend neben ihrem Bette kniete, wie sie im Schrank ein Heiligenbild an die Wand geheftet hatte.

An einem heißen, staubigen Samstag im Juni mähte Jim in der Farmniederung den Hafer. Der Tag war lang. Es war nach

o'clock when the mower tumbled the last band of oats. He drove the clanking machine up into the barnyard and backed it into the implement shed, and there he unhitched the horses and turned them out to graze on the hills over Sunday. When he entered the kitchen Jelka was just putting his dinner on the table. He washed his hands and face and sat down to eat.

"I'm tired," he said, "but I think I'll go to Monterey anyway. There's to be a full moon."

Her soft eyes smiled.

"I'll tell you what I'll do," he said. "If you would like to go, I'll hitch up a rig and take you with me."

She smiled again, shook her head. "No, the stores would be closed. I would rather stay here."

"Well, all right, I'll saddle the horse then. I didn't think I was going. The stock's all turned out. Maybe I can catch a horse easy. Sure you don't want to go?"

"If it was early, and I could go to the stores – but it will be ten o'clock when you get there."

"Oh, no – well, anyway, on horseback I'll make it a little after nine."

Her mouth smiled to itself, but her eyes watched him for the development of a wish. Perhaps because he was tired from the long day's work, he demanded, "What are you thinking about?"

"Thinking about? I remember, you used to ask that nearly every day when we were first married."

"But what are you?" he insisted irritably.

"Oh – I'm thinking about the eggs under the black hen." She got up and went to the big calender at the wall. "They will hatch tomorrow or maybe Monday."

It was almost dusk when he had finished shaving and putting on his blue serge suit and his new boots.

sechs, als die Mähmaschine die letzten Garben herunterwarf. Er fuhr die klappernde Maschine hinauf in den Wirtschaftshof und schob sie rückwärts in den Geräteschuppen, dort spannte er die Pferde aus und trieb sie für den Sonntag in die Berge zum Grasen. Als er in die Küche trat, stellte ihm Jelka gerade das Essen auf den Tisch. Er wusch sich Gesicht und Hände und setzte sich zu Tisch.

«Ich bin müde», sagte er, «aber ich denke, ich werde doch nach Monterey reiten. Es wird Vollmond sein.»

Ihre sanften Augen lächelten.

«Ich will dir sagen, was ich tun werde», sagte er. «Wenn du gern mit willst, spanne ich an und nehme dich mit.»

Sie lächelte wieder und schüttelte den Kopf. «Nein, die Läden werden schon zu sein. Ich möchte lieber hierbleiben.»

«Gut also – dann sattle ich das Pferd. Ich dachte, ich würde nicht reiten. Alle Tiere sind hinausgetrieben. Vielleicht kann ich schnell ein Pferd einfangen. Willst du bestimmt nicht mit?»

«Wenn es zeitig wäre und ich in die Läden könnte – aber es wird zehn sein, ehe du dort bist.»

«Oh nein – nun, jedenfalls schaffe ich's zu Pferd bis kurz nach neun.»

Ihr Mund lächelte verstohlen, aber ihre Augen beobachteten ihn, als warteten sie auf einen Wunsch. Vielleicht weil er von der langen Tagesarbeit müde war, fragte er: «Über was denkst du nach?»

«Über was ich nachdenke? Ich weiß noch, das pflegtest du fast jeden Tag zu fragen, als wir gerade geheiratet hatten.»

«Aber woran denn?» fragte er nochmals ein wenig gereizt.

«Oh – ich dachte gerade an die Eier unter der schwarzen Henne.» Sie stand auf und ging zu dem großen Kalender an der Wand. «Sie müssen morgen auskriechen oder vielleicht Montag.»

Es war fast dunkel, als er mit dem Rasieren fertig war und seinen blauen Serge-Anzug und die neuen Stiefel angezogen

Jelka had the dishes washed and put away. As Jim went through the kitchen he saw that she had taken the lamp to the table near the window, and that she sat beside it knitting a brown wool sock.

"Why do you sit there tonight?" he asked. "You always sit over here. You do funny things sometimes."

Her eyes arose slowly from her flying hands. "The moon," she said quietly. "You said it would be full tonight. I want to see the moon rise."

"But you're silly. You can't see it from that window. I thought you knew direction better than that."

She smiled remotely. "I will look out of the bedroom window, then."

Jim put on his black hat and went out. Walking through the dark empty barn, he took a halter from the rack. On the grassy sidehill he whistled high and shrill. The horses stopped feeding and moved slowly in towards him, and stopped twenty feet away. Carefully he approached his bay gelding and moved his hand from its rump along its side and up und over its neck. The halter-strap clicked in its buckle. Jim turned and led the horse back to the barn. He threw his saddle on and cinched it tight, put his silver-bound bridle over the stiff ears, buckled the throat latch, knotted the tie-rope about the gelding's neck and fastened the neat coil-end to the saddle string. Then he slipped the halter and led the horse to the house. A radiant crown of soft red light lay over the eastern hills. The full moon would rise before the valley had completely lost the daylight.

In the kitchen Jelka still knitted by the window.
68 Jim strode to the corner of the room and took up his
69 30-30 carbine. As he rammed cartridges into the

hatte. Jelka hatte das Geschirr gewaschen und weggeräumt. Als Jim durch die Küche ging, sah er, daß sie die Lampe auf den Tisch beim Fenster gestellt hatte und daneben saß und an einer braunen Wollsocke strickte.

«Warum sitzt du heute Abend hier? fragte er. «Du sitzt immer dort drüben. Manchmal tust du drollige Dinge.»

Ihre Augen hoben sich langsam von ihren flinken Händen. «Der Mond», sagte sie gelassen. «Du sagtest, heute wäre Vollmond. Ich möchte den Mond aufgehen sehen.»

«Du bist wohl komisch. Du kannst ihn von diesem Fenster aus nicht sehen. Ich dachte, du kennst die Himmelsrichtungen besser.»

Sie lächelte abwesend. «Dann werde ich aus dem Schlafzimmerfenster sehen.»

Jim setzte seinen schwarzen Hut auf und ging hinaus. Auf dem Weg durch den dunklen leeren Stall nahm er ein Halfter von der Raufe. Auf dem grasbewachsenen Berghang pfiff er hoch und schrill. Die Pferde hörten auf zu grasen und kamen langsam auf ihn zu und blieben zwanzig Fuß vor ihm stehen. Vorsichtig trat er zu seinem braunen Wallach und strich ihm mit der Hand von der Kruppe aus über die Seite zum Hals und daran hinauf. Die Schnalle des Halfters schnappte ein. Jim kehrte um und führte das Pferd zurück zum Stall. Er warf den Sattel auf und zog den Gurt fest an, schob das silberbeschlagene Zaumzeug über die steifen Pferdeohren, machte den Kehlriemen fest, verknüpfte die Zügel über dem Nacken des Braunen und band das Zügelende an den Sattelriemen. Dann nahm er das Halfter ab und führte das Pferd zum Haus. Eine leuchtende Krone sanften roten Lichtes lag über den östlichen Bergen. Der Vollmond würde aufgehen, ehe das Tageslicht ganz aus dem Tal geschwunden war.

In der Küche saß Jelka noch am Fenster und strickte. Jim ging mit großen Schritten durchs Zimmer und nahm seinen dreißig-dreißiger Karabiner. Als er die Patronen ins Magazin

magazine, he said, "The moon glow is on the hills. If you are going to see it rise, you better go outside now. It's going to be a good red one at rising."

"In a moment," she replied, "when I come to the end here." He went to her and patted her sleek head.

"Good night. I'll probably be back by noon tomorrow." Her dusky black eyes followed him out of the door.

Jim thrust the rifle into his saddle-scabbard, and mounted and swung his horse down the canyon. On his right from behind the blackening hills, the great red moon slid rapidly up. The double light of the day's last afterglow and the rising moon thickened the outlines of the trees and gave a mysterious new perspective to the hills. The dusty oaks shimmered and glowed, and the shade under them was black as velvet. A huge, long-legged shadow of a horse and half a man rode to the left and slightly ahead of Jim. From the ranches near and distant came the sound of dogs tuning up for a night of song. And the roosters crowed, thinking a new dawn had come too quickly. Jim lifted the gelding to a trot. The spattering hoofsteps echoed back from the castle behind him. He thought of blonde May at the Three Star in Monterey. "I'll be late. Maybe someone else'll have her," he thought. The moon was clear of the hills now.

Jim had gone a mile when he heard the hoofbeats of a horse coming towards him. A horseman cantered up and pulled to a stop. "That you, Jim?"

"Yes. Oh, hello, George."

"I was just riding up to your place. I want to tell you – know the springhead at the upper end of my land?"

"Yes, I know."

schob, sagte er: «Das Mondlicht ist auf den Bergen. Wenn du sehen willst, wie er aufsteigt, geh lieber nach draußen. Er wird ganz rot aufgehen.»

«Ja, gleich», erwiderte sie, «wenn ich hier am Ende bin.» Er ging zu ihr hin und streichelte ihren glatten Kopf.

«Gute Nacht. Wahrscheinlich werde ich morgen Mittag zurück sein.» Ihre nachtschwarzen Augen folgten ihm zur Tür bis hinaus.

Jim schob den Karabiner in die Gewehrtasche, saß auf und lenkte sein Pferd hinab in den Cañon. Zu seiner Rechten hinter den dunkel werdenden Bergen stieg der große rote Mond schnell empor. Das Zwielicht des letzten Tagesschimmers und des aufgehenden Mondes verdichtete die Umrisse der Bäume und gab den Bergen eine neue, geheimnisvolle Fernsicht. Die verstaubten Eichen schimmerten und glänzten, und das Dunkel unter ihnen war schwarz wie Samt. Der hohe, langbeinige Schatten eines Pferdes und eines halben Mannes bewegte sich links neben Jim, immer ein bißchen voraus. Von den Gehöften nah und fern hörte man die Hunde ihr Nachtlied anstimmen. Und die Hähne krähten, weil sie dachten, ein neuer Tag dämmere zu rasch herauf. Jim ließ den Wallach in Trab fallen. Die klappernden Hufschläge hallten von der Sandsteinburg hinter ihm wider. Er dachte an die blonde May aus den ‹Drei Sternen› in Monterey. «Ich werde zu spät kommen. Vielleicht hat sie ein anderer», dachte er. Jetzt hatte sich der Mond von den Bergen gelöst.

Jim war eine Meile geritten, als er den Hufschlag eines Pferdes auf sich zukommen hörte. Ein Reiter galoppierte heran und hielt vor ihm. «Bist du's, Jim?»

«Ja. Oh, hallo, George.»

«Ich war gerade auf dem Weg zu dir. Ich muß dir etwas sagen – du kennst doch die Quelle an der oberen Grenze meines Landes?»

«Ja, ich weiß.»

"Well, I was up there this afternoon. I found a dead campfire and a calf's head and feet. The skin was in the fire, half burned, but I pulled it out and it had your brand."

"The hell," said Jim. "How old was the fire?"

"The ground was still warm in the ashes. Last night I guess. Look, Jim, I can't go up with you. I've got to go to town, but I thought I'd tell you, so you could take a look around."

Jim asked quietly, "Any idea how many men?"

"No. I didn't look close."

"Well, I guess I better go up and look. I was going to town too. But if there are thieves working, I don't want to lose any more stock. I'll cut up through your land if you don't mind, George."

"I'd go with you, but I've got to go to town. You got a gun with you?"

"Oh yes, sure. Here under my leg. Thanks for telling me."

"That's all right. Cut through any place you want. Good night." The neighbour turned his horse and cantered back in the direction from which he had come.

For a few moments Jim sat in the moonlight, looking down at his stilted shadow. He pulled his rifle from its scabbard, levered a cartridge into the chamber and held the gun across the pommel of his saddle. He turned left from the road, went up the little ridge, through the oak grove, over the grassy hog-back and down the other side into the next canyon.

In half an hour he had found the deserted camp. He turned over the heavy, leathery calf's head and felt its dusty tongue to judge by the dryness how
72 long it had been dead. He lighted a match and looked
73 at his brand on the half-burned hide. At last he

«Nun, ich war heute Nachmittag oben. Ich fand ein erloschenes Lagerfeuer und Kopf und Füße eines Kalbes. Das Fell war im Feuer, halbverbrannt, aber ich zog es heraus – und es hatte deine Brandmarke.»

«Teufel!» sagte Jim. «Wie alt war das Feuer?»

«Der Boden unter der Asche war noch warm. Letzte Nacht, glaube ich. Weißt du, Jim, ich kann nicht mit dir hinaufkommen. Ich muß zur Stadt, aber ich dachte, ich sollte dir's sagen, damit du Umschau halten kannst.»

Jim fragte ruhig: «Hast du eine Ahnung, wieviel Mann?»

«Nein, ich habe nicht so genau hingesehen.»

«Gut, ich glaube, ich reite besser hinauf und sehe selber nach. Ich wollte auch zur Stadt. Aber wenn Diebe am Werk sind, möchte ich nicht noch mehr Vieh verlieren. Ich schneide ab, durch deine Felder, wenn es dir recht ist, George.»

«Ich würde mitkommen, aber ich muß zur Stadt. Hast du ein Gewehr bei dir?»

«Oh ja, klar. Hier unter meinem Bein. Danke, daß du mir's gesagt hast.»

«Schon gut. Reite überall durch, wo du willst. Gute Nacht.» Der Nachbar wendete sein Pferd und galoppierte zurück in die Richtung, aus der er gekommen war.

Ein paar Sekunden saß Jim im Mondlicht und sah nieder auf seinen langbeinigen Schatten. Er zog sein Gewehr aus der Hülle, steckte eine Patrone in die Kammer und legte die Waffe über den Sattelknopf. Er bog links von der Straße ab, ritt den kleinen Hang hinan, durch den Eichenhain, über die grasbewachsene Kuppe und an der andern Seite hinab in den nächsten Cañon.

In einer halben Stunde hatte er das verlassene Lager gefunden. Er drehte den schweren, ledrigen Kalbskopf um und befühlte die staubige Zunge, um nach der Trockenheit zu beurteilen, wie lange das Tier schon tot war. Er zündete ein Streichholz an und betrachtete seinen Brand auf dem halbverkohlten Fell.

mounted his horse again, rode over the bald grassy hills and crossed into his own land.

A warm summer wind was blowing on the hilltops. The moon, as it quartered up the sky, lost its redness and turned the colour of strong tea. Among the hills the coyotes were singing, and the dogs at the ranch houses below joined them with broken-hearted howling. The dark green oaks below and the yellow summer grass showed their colours in the moonlight.

Jim followed the sound of the cowbells to his herd, and found them eating quietly, and a few deer feeding with them. He listened for the sound of hoofbeats or the voices of men on the wind.

It was after eleven when he turned his horse towards home. He rounded the west tower of the sandstone castle, rode through the shadow and out into the moonlight again. Below, the roofs of his barn and house shone dully. The bedroom window cast back a streak of reflection.

The feeding horses lifted their heads as Jim came down through the pasture. Their eyes glinted redly when they turned their heads.

Jim had almost reached the corral fence – he heard a horse stamping in the barn. His hand jerked the gelding down. He listened. It came again, the stamping from the barn. Jim lifted his rifle and dismounted silently. He turned his horse loose and crept towards the barn.

In the blackness he could hear the grinding of the horse's teeth as it chewed hay. He moved along the barn until he came to the occupied stall. After a moment of listening he scratched a match on the butt of his rifle. A saddled and bridled horse was tied in the stall. The bit was slipped under the chin and the cinch

Endlich stieg er wieder aufs Pferd, ritt über die kahlen Grashügel und ritt hinüber auf sein eigenes Gebiet.

Ein warmer Sommerwind wehte auf den Bergkuppen. Der Mond verlor sein Rot, als er höher am Himmel stand, und nahm die Farbe von starkem Tee an. Zwischen den Bergen sangen die Coyoten, und die Hunde unten in den Gehöften stimmten mit herzzerreißendem Geheul ein. Die dunkelgrünen Eichen drunten und das gelbe Sommergras zeigten im Mondlicht ihre Farbtöne.

Jim folgte dem Klang der Kuhglocken bis zu seiner Herde und fand sie ruhig grasend; und ein paar Stück Rotwild grasten mit. Er horchte auf das Geräusch von Pferdehufen oder Männerstimmen über dem Wind.

Es war nach elf, als er sein Pferd heimwärts lenkte. Er umrundete den westlichen Turm des Sandsteinschlosses, ritt durch den Schatten und wieder hinaus ins Mondlicht. Unten glänzten matt die Dächer seiner Scheune und seines Hauses. Das Fenster des Schlafzimmers warf einen Lichtschimmer zurück.

Die weidenden Pferde hoben die Köpfe, als Jim durch die Koppeln kam. Als sie die Köpfe wandten, glommen ihre Augen rötlich.

Jim hatte fast den Zaun des inneren Gehöftes erreicht – da hörte er ein Pferd im Stall stampfen. Seine Hand zügelte den Wallach. Er horchte. Da war es wieder zu hören, dies Stampfen im Stall. Jim hob das Gewehr und stieg schweigend aus dem Sattel. Er ließ sein Pferd laufen und schlich auf den Stall zu.

In der Dunkelheit konnte er die Zähne des Pferdes beim Heufressen mahlen hören. Er ging den Stall entlang, bis er zu der benutzten Box kam. Nachdem er einen Augenblick gelauscht hatte, strich er am Kolben seines Gewehres ein Schwefelholz an. Ein gesatteltes und aufgezäumtes Pferd war in der Box. Das Gebiß war unters Kinn geschoben und der Sattelgurt

loosened. The horse stopped eating and turned its head towards the light.

Jim blew out the match and walked quickly out of the barn. He sat on the edge of the horse trough and looked into the water. His thoughts came so slowly that he put them into words and said them under his breath.

"Shall I look through the window? No. My head would throw a shadow in the room."

He regarded the rifle in his hand. Where it had been rubbed and handled, the black gun finish had worn off, leaving the metal silvery.

At last he stood up with decision and moved towards the house. At the steps, an extended foot tried each board tenderly before he put his weight on it. The three ranch dogs came out from under the house and shook themselves, stretched and sniffed, wagged their tails and went back to bed.

The kitchen was dark, but Jim knew where every piece of furniture was. He put out his hand and touched the corner of the table, a chair back, the towel hanger, as he went along. He crossed the room so silently that even he could hear only his breath and the whisper of his trousers legs together, and the beating of his watch in his pocket. The bedroom door stood open and spilled a patch of moonlight on the kitchen floor. Jim reached the door at last and peered through.

The moonlight lay on the white bed. Jim saw Jelka lying on her back, one soft bare arm flung across her forehead and eyes. He could not see who the man was, for his head was turned away. Jim watched, holding his breath. Then Jelka twiched in her sleep and the man rolled his head and sighed – Jelka's cousin, her grown, embarrassed cousin.

gelockert. Das Pferd hörte auf zu fressen und wandte den Kopf dem Licht zu.

Jim blies das Schwefelholz aus und ging rasch aus dem Stall hinaus. Er setzte sich auf die Kante der Pferdetränke und schaute ins Wasser. Die Gedanken kamen ihm so langsam, daß er sie in Worte formte und die Worte leise vor sich hinsprach.

«Soll ich durchs Fenster sehen? Nein. Mein Kopf würde einen Schatten ins Zimmer werfen.»

Er betrachtete das Gewehr in seiner Hand. Wo es verwetzt und abgegriffen war, hatte sich die schwarze Mattierung verflüchtigt, und das Metall schimmerte silbrig.

Endlich hatte er einen Entschluß gefaßt; er stand auf und ging auf das Haus zu. An den Stufen prüfte sein tastender Fuß vorsichtig jedes Brett, ehe er sein Gewicht darauf legte. Die drei Hofhunde kamen unter dem Haus hervor, schüttelten und streckten sich, schnupperten, wedelten mit den Schwänzen und gingen zurück auf ihr Lager.

Die Küche war dunkel, aber Jim wußte, wo jedes Möbelstück war. Er streckte die Hand aus und berührte die Ecke des Tisches, eine Stuhllehne, einen Handtuchständer, während er vorwärts ging. Er durchquerte den Raum so leise, daß sogar er selbst nur seinen Atem hören konnte und das Geräusch, mit dem sich der Stoff seiner Hosenbeine aneinander rieb, dazu das Ticken der Uhr in seiner Tasche. Die Schlafzimmertür stand offen und ließ einen Flecken Mondlicht auf den Fußboden der Küche fallen. Jim erreichte endlich die Tür und spähte hinein.

Der Mondschein lag auf dem weißen Bett. Jim sah Jelka auf dem Rücken liegend; sie hatte den einen weichen nackten Arm über Stirn und Augen geworfen. Wer der Mann war, konnte er nicht sehen, denn sein Kopf war abgewandt. Jim schaute mit angehaltenem Atem. Da zuckte Jelka im Schlaf, und der Mann drehte den Kopf und seufzte – es war Jelkas Vetter, der herangewachsene, verlegene Vetter.

Jim turned and quickly stole back across the kitchen and down the back steps. He walked up the yard to the water-trough again, and sat down on the edge of it. The moon was white as chalk, and it swam in the water, and lighted the straws and barley dropped by the horses' mouths. Jim could see the mosquito wigglers, tumbling up and down, end over end, in the water, and he could see a newt lying in the sun moss in the bottom of the trough.

He cried a few dry, hard, smothered sobs, and wondered why, for his thought was of the grassed hill-tops and of the lonely summer wind whisking along.

His thought turned to the way his mother used to hold a bucket to catch the throat blood when his father killed a pig. She stood as far away as possible and held the bucket at arm's length to keep her clothes from getting spattered.

Jim dipped his hand into the trough and stirred the moon to broken, swirling streams of light. He wetted his forehead with his damp hands and stood up. This time he did not move so quietly, but he crossed the kitchen on tiptoe and stood in the bedroom door. Jelka moved her arm and opened her eyes a little. Then the eyes sprang wide, then they glistened with moisture. Jim looked into her eyes; his face was empty of expression. A little drop ran out of Jelka's nose and lodged in the hollow of her upper lip. She stared back at him.

Jim cocked the rifle. The steel click sounded through the house. The man on the bed stirred uneasily in his sleep. Jim's hands were quivering. He raised the gun to his shoulder and held it tightly to keep from shaking. Over the sights he saw the little white square

Jim kehrte um und stahl sich schnell durch die Küche, dann die rückwärtigen Stufen hinab. Er ging den Hof entlang wieder zum Wassertrog und setzte sich auf den Rand. Der Mond war weiß wie Kalk, er schwamm im Wasser und beleuchtete die Strohhalme und Gerstenkörner, die aus den Pferdemäulern gefallen waren. Jim konnte im Wasser die Tanzschwärme der Moskitos sehen, die auf und nieder und im Kreise taumelten, und erkannte einen Wassermolch, der im Sonnenmoos auf dem Grund des Troges lag.

Er schluchzte ein paarmal hart, trocken, unterdrückt, und fragte sich selbst warum, denn seine Gedanken waren bei den grasbewachsenen Höhen und dem einsamen Sommerwind, der darüberwehte.

Er dachte daran, wie seine Mutter einen Eimer zu halten pflegte, um das Kehlblut aufzufangen, wenn der Vater ein Schwein schlachtete. Sie stand so weit wie möglich entfernt und hielt das Schaff in Armeslänge, damit ihre Kleider nicht bespritzt würden.

Jim tauchte seine Hand in den Trog und zerbrach den Mond in zitternde, wirbelnde Lichtstreifen. Er befeuchtete seine Stirn mit den nassen Händen und stand auf. Diesmal bewegte er sich nicht so behutsam, sondern ging auf Zehenspitzen durch die Küche und blieb in der Schlafzimmertür stehen. Jelka bewegte ihren Arm und öffnete die Augen ein wenig. Auf einmal riß sie die Augen weit auf, dann wurden sie glänzend feucht. Jim schaute ihr in die Augen; in seinem Gesicht war kein Ausdruck. Ein kleiner Tropfen rann aus Jelkas Nase und blieb in der Vertiefung ihrer Oberlippe liegen. Sie erwiderte starr seinen Blick.

Jim spannte den Hahn. Das Knacken des Stahls klang durchs Haus. Der Mann auf dem Bett regte sich unruhig im Schlaf. Jims Hände zitterten. Er hob das Gewehr an die Schulter und hielt es fest, um das Zittern zu unterdrücken. Über Kimme und Korn sah er das kleine weiße Viereck zwischen den Augen-

between the man's brows and hair. The front sight wavered a moment and then came to rest.

The gunt crash tore the air. Jim, still looking down the barrel, saw the whole bed jolt under the blow. A small, black, bloodless hole was in the man's forehead. But behind, the hollow-point bullet took brain and bone and splashed them on the pillow.

Jelka's cousin gurgled in his throat. His hands came crawling out from under the covers like big white spiders, and they walked for a moment, then shuddered and fell quiet.

Jim looked slowly back at Jelka. Her nose was running. Her eyes had moved from him to the end of the rifle. She whined softly, like a cold puppy.

Jim turned in panic. His boot heels beat on the kitchen floor, but outside, he moved slowly towards the water-trough again. There was a taste of salt in his throat, and his heart heaved painfully. He pulled his hat off and dipped his head into the water. Then he leaned over and vomited on the ground. In the house he could hear Jelka moving about. She whimpered like a puppy. Jim straightened up, weak and dizzy.

He walked tiredly through the corral and into the pasture. His saddled horse came at his whistle. Automatically he tightened the cinch, mounted and rode away, down the road to the valley. The squat black shadow traveled under him. The moon sailed high and white. The uneasy dogs barked monotonously.

At daybreak a buckboard and pair trotted up to the ranch yard, scattering the chickens. A deputy sheriff and a coroner sat in the seat. Jim Moore half reclined against his saddle in the wagon-box. His tired geld-

brauen und dem Haar des Mannes. Das Korn schwankte ein wenig, dann kam es zum Stehen.

Das Krachen des Schusses zerriß die Luft. Jim, immer noch den Lauf entlang blickend, sah das ganze Bett unter dem Schlag wanken. Ein kleines, schwarzes, blutloses Loch war in der Stirn des Mannes. Aber hinten beim Ausschuß nahm das stumpfe Geschoß Hirn und Knochen mit und verspritzte sie auf das Kissen.

Jelkas Vetter gab gurgelnde Kehllaute von sich. Seine Hände kamen wie große weiße Spinnen unter der Decke hervorgekrochen, wanderten einen Augenblick, zitterten dann und wurden still.

Jim sah langsam zurück auf Jelka. Ihre Nase lief. Ihre Augen waren von ihm zur Mündung des Gewehrlaufs geglitten. Sie winselte leise wie ein frierendes Hündchen.

Jim wandte sich voll Entsetzen ab. Seine Stiefelabsätze hämmerten auf den Küchenboden, aber draußen ging er langsam wieder zum Wassertrog. In seiner Kehle war ein salziger Geschmack, und sein Herz schwoll schmerzhaft. Er zog den Hut herunter und tauchte den Kopf ins Wasser. Dann beugte er sich vor und erbrach sich auf die Erde. Im Haus konnte er Jelka herumgehen hören. Sie winselte wie ein Hündchen. Jim richtete sich auf, matt und schwindlig.

Er ging müde durch den Pferch und auf die Weide. Sein gesatteltes Pferd kam auf seinen Pfiff. Gedankenlos zog er den Sattelgurt an, saß auf und ritt fort, die Straße hinab zum Tal. Der plumpe schwarze Schatten ritt unter ihm mit. Der Mond segelte hoch und weiß. Die unruhigen Hunde bellten eintönig.

Bei Tagesanbruch fuhr ein Zweispänner im Trab auf den Hof, daß die Hühner auseinanderstoben. Ein Vizesheriff und ein Untersuchungsrichter saßen im Sitz. Jim Moore lehnte im Wagenkasten gegen seinen Sattel. Sein müder Wallach trabte

ing followed behind. The deputy sheriff set the brake and wrapped the lines around it. The men dismounted.

Jim asked, "Do I have to go in? I'm too tired and wrought up to see it now."

The coroner pulled his lip and studied. "Oh, I guess not. We'll tend to things and look around."

Jim sauntered away towards the water-trough. "Say," he called, "kind of clean up a little, will you? You know."

The men went on into the house.

In a few minutes they emerged carrying the stiffened body between them. It was wrapped up in a comforter. They eased it up into the wagon-box. Jim walked back towards them. "Do I have to go in with you now?"

"Where's your wife, Mr. Moore?" the deputy sheriff demanded.

"I don't know," he said wearily. "She's somewhere around."

"You're sure you didn't kill her too?"

"No. I didn't touch her. I'll find her and bring her in this afternoon. That is, if you don't want me to go in with you now."

"We've got your statement," the coroner said. "And by God, we've got eyes, haven't we, Will? Of course there's a technical charge of murder against you, but it'll be dismissed. Always is in this part of the country. Go kind of light on your wife, Mr. Moore."

"I won't hurt her," said Jim.

He stood and watched the buckboard jolt away. He kicked his feet reluctantly in the dust. The hot June sun showed its face over the hills and flashed viciously on the bedroom window.

hinterher. Der Vizesheriff zog die Bremse an und wickelte die Zügel darum. Die Männer stiegen aus.

Jim fragte: «Muß ich hineingehen? Ich bin zu müde und kaputt, um es jetzt mit anzusehen.»

Der Untersuchungsrichter kniff die Lippen zusammen und dachte nach. «Oh, ich glaube nicht. Wir werden uns um alles kümmern und uns umsehen.»

Jim ging langsam weg, auf den Wassertrog zu. «Hören Sie», rief er, «könnten Sie nicht gleich ... etwas aufräumen? Sie verstehen mich schon. Bitte.»

Die Männer gingen ins Haus.

Ein paar Minuten später tauchten sie wieder auf, sie trugen den steifgewordenen Toten zwischen sich. Er war in eine Decke eingewickelt. Sie hoben ihn vorsichtig in den Kasten des Wagens. Jim kam wieder zu ihnen. «Muß ich jetzt mit Ihnen reinkommen?»

«Wo ist Ihre Frau, Mr. Moore?» fragte der Vizesheriff.

«Ich weiß es nicht», sagte er müde. «Sie ist irgendwo in der Nähe.»

«Sie sind sicher, daß Sie sie nicht auch umgebracht haben?»

«Nein. Ich habe sie nicht angerührt. Ich werde sie suchen und am Nachmittag mitbringen. Das heißt, wenn Sie mich jetzt nicht mitnehmen wollen.»

«Wir haben ja Ihr Geständnis», sagte der Untersuchungsrichter. «Und bei Gott, wir haben auch Augen im Kopf, nicht wahr, Will? Natürlich wird formal Mordanklage gegen Sie erhoben, aber man wird sie fallen lassen. Man läßt sie immer fallen in dieser Gegend. Seien Sie nicht zu hart zu Ihrer Frau, Mr. Moore.»

«Ich werde ihr nichts tun», sagte Jim.

Er stand und sah den Wagen davonholpern. Er scharrte zögernd mit dem Fuß im Staub. Die heiße Junisonne hob ihr Gesicht über die Berge und blitzte boshaft auf dem Schlafzimmerfenster.

Jim went slowly into the house, and brought out a nine-foot loaded bull whip. He crossed the yard and walked into the barn. And as he climbed the ladder to the hayloft, he heard the high, puppy whimpering start.

When Jim came out of the barn again, he carried Jelka over his shoulder. By the water-trough he set her tenderly on the ground. Her hair was littered with bits of hay. The back of her shirtwaist was streaked with blood.

Jim wetted his bandana at the pipe and washed her bitten lips, and washed her face and brushed back her hair. Her dusty black eyes followed every move he made.

"You hurt me," she said. "You hurt me bad."

He nodded gravely. "Bad as I could without killing you."

The sun shone hotly on the ground. A few blow-flies buzzed about, looking for the blood.

Jelka's thickened lips tried to smile. "Did you have any breakfast at all?"

"No," he said. "None at all."

"Well, then, I'll fry you up some eggs." She struggled painfully to her feet.

"Let me help you," he said. "I'll help you get your shirtwaist off. It's drying stuck to your back. It'll hurt."

"No. I'll do it myself." Her voice had a peculiar resonance in it. Her dark eyes dwelt warmly on him for a moment, and then she turned and limped into the house.

Jim waited, sitting on the edge of the water-trough.
84 He saw the smoke start out of the chimney and sail
85 straight up into the air. In a very few moments Jelka
called him from the kitchen door.

Jim ging langsam ins Haus und brachte eine neun Fuß lange, bleibeschwerte Viehpeitsche heraus. Er überquerte den Hof und ging in das Stallgebäude. Als er die Leiter zum Heuboden hinaufstieg, hörte er von neuem das hohe, hündische Winseln.

Als Jim aus dem Stall kam, trug er Jelka über der Schulter. Beim Wassertrog setzte er sie vorsichtig auf die Erde. In ihrem aufgelösten Haar hingen Heuhalme. Ihre Bluse war hinten blutverschmiert.

Jim befeuchtete sein Taschentuch am Wasserrohr, kühlte ihre zerbissenen Lippen, wusch ihr das Gesicht und strich ihr das Haar zurück. Ihre düsteren schwarzen Augen folgten jeder Bewegung, die er machte.

«Du hast mir weh getan», sagte sie. «Du hast mir sehr weh getan.»

Er nickte ernst. «So sehr ich konnte, ohne dich totzuschlagen.»

Die Sonne schien heiß auf den Boden. Ein paar Schmeißfliegen surrten herum, sie suchten das Blut.

Jelkas verschwollene Lippen versuchten zu lächeln. «Hast du denn schon gefrühstückt?»

«Nein», sagte er, «überhaupt nicht.»

«Gut, dann werde ich dir ein paar Eier braten.» Sie versuchte mühsam, auf die Füße zu kommen.

«Laß mich helfen», sagte er. «Ich werde dir helfen, die Bluse auszuziehen. Sie klebt sonst an deinem Rücken an. Das wird weh tun.»

«Nein. Das mache ich selbst.» Ihre Stimme hatte einen besonderen Klang. Ihre dunklen Augen ruhten eine Sekunde warm auf ihm, und dann wandte sie sich um und hinkte ins Haus.

Auf der Kante des Wassertroges sitzend wartete Jim. Er sah, wie der Rauch aus dem Kamin fuhr und steil in die Luft schwebte. In wenigen Augenblicken rief ihn Jelka aus der Küchentür.

"Come, Jim, your breakfast."

Four fried eggs and four thick slices of bacon lay on a warmed plate for him. "The coffee will be ready in a minute," she said.

"Won't you eat?"

"No. Not now. My mouth's too sore."

He ate his eggs hungrily and then looked up at her. Her black hair was combed smooth. She had on a fresh white shirtwaist. "We're going to town this afternoon," he said. "I'm going to order lumber. We'll build a new house farther down the canyon."

Her eyes darted to the closed bedroom door and then back to him. "Yes," she said. "That will be good." And then, after a moment, "Will you whip me any more – for this?"

"No, not any more, for this."

Her eyes smiled. She sat down on a chair beside him, and Jim put out his hand and stroked her hair and the back of her neck.

«Komm, Jim, dein Frühstück.»

Vier gebratene Eier und vier dicke Scheiben Schinkenspeck lagen für ihn auf einem angewärmten Teller. «In einer Minute wird der Kaffee fertig sein», sagte sie.

«Willst du nicht essen?»

«Nein. Jetzt nicht. Mein Mund tut zu weh.»

Er verzehrte hungrig die Eier, dann schaute er auf zu ihr. Das schwarze Haar war glatt gekämmt. Sie hatte eine frische weiße Bluse an. «Wir fahren heute Nachmittag zur Stadt», sagte er. «Ich werde Holz bestellen. Wir werden weiter unten im Cañon ein neues Haus bauen.»

Ihre Augen schossen zu der geschlossenen Schlafzimmertür und kamen dann zu ihm zurück. «Ja», sagte sie. «Das wird gut sein.» Und dann nach einer Weile: «Wirst du mich nochmal schlagen – deswegen?»

«Nein, deswegen nicht mehr.»

Ihre Augen lächelten. Sie setzte sich auf einen Stuhl neben ihn, und Jim streckte die Hand aus und streichelte ihr Haar und ihren Nacken.

Erskine Caldwell

Daughter

At sunrise a Negro on his way to the big house to feed the mules had taken the word to Colonel Henry Maxwell, and Colonel Henry phoned the sheriff. The sheriff had hustled Jim into town and locked him up in the jail, and then he went home and ate breakfast.

Jim walked around the empty cellroom while he was buttoning his shirt, and after that he sat down on the bunk and tied his shoelaces. Everything that morning had taken place so quickly that he had not even had time to get a drink of water. He got up and went to the water bucket near the door, but the sheriff had forgotten to put water into it.

By that time there were several men standing in the jailyard. Jim went to the window and looked out when he heard them talking. Just then another automobile drove up, and six or seven men got out. Other men were coming towards the jail from both directions of the street.

"What was the trouble out at your place this morning, Jim?" somebody said.

Jim stuck his chin between the bars and looked at the faces in the crowd. He knew everyone there.

While he was trying to figure out how everybody in town had heard about his being there, somebody else spoke to him.

"It must have been an accident, wasn't it, Jim?"

A colored boy hauling a load of cotton to the gin

Erskine Caldwell
Die Tochter

Bei Sonnenaufgang hatte ein Neger auf seinem Weg zu dem großen Haus, wo er die Mulis füttern sollte, Colonel Henry Maxwell davon erzählt, und Colonel Maxwell hatte den Sheriff angerufen. Der Sheriff hatte Jim in die Stadt abgeführt und ins Gefängnis gesperrt, dann ging er nach Hause und frühstückte.

Jim lief durch die leere Zelle und knöpfte sein Hemd zu, dann setzte er sich auf die Pritsche und band seine Schuhsenkel. Alles war an jenem Morgen so überstürzt gegangen, daß er nicht einmal Zeit gehabt hatte, Wasser zu trinken. Er stand auf und ging zum Wassereimer bei der Tür, aber der Sheriff hatte vergessen, Wasser hineinzugießen.

Um diese Zeit standen mehrere Männer im Gefängnishof. Jim ging zum Fenster und sah hinaus, als er sie reden hörte. Gerade in diesem Augenblick fuhr wieder ein Auto herein und sechs oder sieben Männer stiegen aus. Andere Männer kamen auf der Straße aus beiden Richtungen auf das Gefängnis zu.

«Was hat's heute früh bei dir zu Hause gegeben, Jim?» sagte einer.

Jim steckte sein Kinn zwischen die Eisenstäbe und schaute in die Gesichter der Menge. Er kannte jedes einzelne.

Während er darüber nachgrübelte, wieso die ganze Stadt davon gehört hatte, daß er hier war, sprach ihn ein anderer an.

«Es muß ein Unfall gewesen sein – war's nicht so, Jim?»

Ein Negerjunge, der eine Ladung Baumwolle zur Fabrik fuhr,

drove up the street. When the wagon got in front of the jail, the boy whipped up the mules with the ends of the reins and made them trot.

"I hate to see the State have a grudge against you, Jim," somebody said.

The sheriff came down the street swinging a tin dinnerpail in his hand. He pushed through the crowd, unlocked the door, and set the pail inside.

Several men came up behind the sheriff and looked over his shoulder into the jail.

"Here's your breakfast my wife fixed up for you, Jim. You'd better eat a little, Jim boy."

Jim looked at the pail, at the sheriff, at the open jaildoor, and he shook his head.

"I don't feel hungry," he said. "Daughter's been hungry, though – awful hungry."

The sheriff backed out the door, his hand going to the handle of his pistol. He backed out so quickly that he stepped on the toes of the men behind him.

"Now, don't you get careless, Jim boy," he said. "Just sit and calm yourself."

He shut the door and locked it. After he had gone a few steps towards the street, he stopped and looked into the chamber of his pistol to make sure it had been loaded.

The crowd outside the window pressed in closer. Some of the men rapped on the bars until Jim came and looked out. When he saw them, he stuck his chin between the iron and gripped his hands around it.

"How come it to happen, Jim?" somebody asked. "It must have been an accident, wasn't it?"

Jim's long thin face looked as if it would come through the bars. The sheriff came up to the window to see if everything was all right.

kam die Straße herauf. Als der Wagen vor dem Gefängnis war, zog er den Mulis eins mit den Zügeln über und ließ sie traben.

«Schlimm, daß die Polizei dir jetzt an den Kragen will, Jim!» sagte jemand.

Der Sheriff kam die Straße herunter. Er schwenkte eine Eßkumme in der Hand. Er schob sich durch die Menge, schloß die Tür auf und setzte die Kumme hinein.

Mehrere Männer tauchten hinter dem Sheriff auf und sahen über seine Schulter in die Zelle.

«Hier ist dein Frühstück – meine Frau hat's für dich hergerichtet, Jim. Besser, du ißt etwas, Jim, mein Junge.»

Jim sah auf die Kumme, auf den Sheriff, auf die offene Gefängnistür und schüttelte den Kopf.

«Ich bin nicht hungrig», sagte er. «Aber Tochter ist hungrig gewesen – furchtbar hungrig.»

Rückwärts ging der Sheriff aus der Tür, seine Hand fuhr nach dem Griff seines Revolvers. Er ging so schnell rückwärts hinaus, daß er den Männern hinter ihm auf die Zehen trat.

«Werd jetzt nicht kopflos, Jim, mein Junge», sagte er. «Nun setz dich hin und beruhige dich.»

Er schloß die Tür und sperrte zu. Nachdem er ein paar Schritte zur Straße gegangen war, blieb er stehen und sah in das Magazin seiner Pistole, um sich zu vergewissern, daß sie geladen gewesen war.

Die Menge draußen vor dem Fenster drängte sich dichter heran. Ein paar Männer schlugen an die Eisenstangen, bis Jim kam und heraussah. Als er sie erblickte, schob er sein Kinn zwischen das Eisen und umfaßte es mit den Händen.

«Wie ist es denn passiert, Jim?» fragte einer. «Es muß doch ein Unfall gewesen sein – oder?»

Jims langes dünnes Gesicht sah aus, als wolle es durch das Eisengitter kommen. Der Sheriff trat ans Fenster, um zu sehen, ob alles in Ordnung sei.

"Now, just take it easy, Jim boy," he said.

The man who had asked Jim to tell what had happened, elbowed the sheriff out of the way. The other men crowded closer.

"How come, Jim?" the man said. "Was it an accident?"

"No," Jim said, his fingers twisting about the bars. "I picked up my shotgun and done it."

The sheriff pushed towards the window again.

"Go on, Jim, and tell us what it's all about."

Jim's face squeezed between the bars until it looked as though only his ears kept his head from coming through.

"Daughter said she was hungry, and I just couldn't stand it no longer. I just couldn't stand to hear her say it."

"Don't get all excited now, Jim boy," the sheriff said, pushing forward one moment and being elbowed away the next.

"She waked up in the middle of the night again and said she was hungry. I just couldn't stand to hear she say it."

Somebody pushed all the way through the crowd until he got to the window.

"Why, Jim, you could have come and asked me for something for her to eat, and you know I'd have given you all I got in the world."

The sheriff pushed forward once more.

"That wasn't the right thing to do," Jim said. "I've been working all year and I made enough for all of us to eat."

He stopped and looked down into the faces on the
92 other side of the bars.

93 "I made enough working on shares, but they came

«Na, nimm's nicht zu schwer, Jim, mein Junge!» sagte er.

Der Mann, der Jim gebeten hatte, zu sagen, was passiert sei, schob den Sheriff mit dem Ellbogen aus dem Weg. Die andern Männer drängten sich dichter heran.

«Wie ist es passiert, Jim?» sagte der Mann. «War es ein Unfall?»

«Nein», sagte Jim, und seine Finger umspannten das Eisen. «Ich nahm meine Schrotflinte und tat es.»

Der Sheriff versuchte wieder, ans Fenster zu kommen.

«Los, Jim – und erzähl uns, was eigentlich los war!»

Jims Gesicht quetschte sich zwischen die Eisenstäbe, bis es aussah, als hinderten nur die Ohren seinen Kopf, sich durchzuschieben.

«Tochter sagte, sie ist hungrig, und ich konnt's einfach nicht länger aushalten. Ich konnte es einfach nicht länger anhören, wie sie es sagte.»

«Reg dich jetzt nicht auf, Jim, mein Junge», sagte der Sheriff, indem er sich einen Augenblick vorschob, um im nächsten zurückgestoßen zu werden.

«Sie wacht mitten in der Nacht wieder auf, und sagt, sie ist hungrig. Ich konnte es einfach nicht länger anhören, daß sie das sagte.»

Jemand bahnte sich den ganzen Weg durch die Menge, bis er ans Fenster kam.

«Aber Jim, du konntest doch zu mir kommen, ich soll dir was für sie zu essen geben – und du weißt, ich hätt dir alles gegeben, was ich auf der Welt habe.»

Der Sheriff machte wieder einen Vorstoß.

«Dann hätt ich nicht das Richtige getan», sagte Jim, «ich hab das ganze Jahr gearbeitet und hab genug für uns alle zum Essen verdient.»

Er brach ab und blickte hinunter in die Gesichter auf der andern Seite des Eisengitters.

«Ich hab genug verdient auf meinen Anteil, aber sie kamen

and took it all away from me. I couldn't go around begging after I'd made enough to keep us. They just came and took it all off. Then Daughter woke up again this morning saying she was hungry, and I just couldn't stand it no longer."

"You'd better go and get on the bunk now, Jim boy," the sheriff said.

"It don't seem right that the little girl ought to be shot like that," somebody said.

"Daughter said she was hungry," Jim said. "She'd been saying that for all of the past month. Daughter'd wake up in the middle of the night and say it. I just couldn't stand it no longer."

"You ought to have sent her over to my house, Jim. Me and my wife could have fed her something, somehow. It don't look right to kill a little girl like her."

"I'd made enough for all of us," Jim said. "I just couldn't stand it no longer. Daughter'd been hungry all the past month."

"Take it easy, Jim boy," the sheriff said, trying to push forward.

The crowd swayed from side to side.

"And so you just picked up the gun this morning and shot her?" somebody asked.

"When she woke up this morning saying she was hungry, I just couldn't stand it."

The crowd pushed closer. Men were coming towards the jail from all directions, and those who were then arriving pushed forward to hear what Jim had to say.

"The State has got a grudge against you now, Jim," somebody said, "but somehow it don't seem right."

und nahmen mir alles weg. Ich konnte nicht rumlaufen und betteln, nachdem ich genug verdient hab, uns alle satt zu machen. Sie sind einfach gekommen und haben mir alles abgenommen. Dann wacht die Tochter heut morgen wieder auf und sagt, sie ist hungrig, und ich konnt's nicht länger aushalten.»

«Jim, es ist besser, du legst dich jetzt auf deine Pritsche, mein Junge», sagte der Sheriff.

«Ich finde es nicht recht, daß er das kleine Mädchen auf die Art erschießen mußte», sagte jemand.

«Tochter sagt, sie ist hungrig», sagte Jim. «Das hat sie all die letzten Monate gesagt. Tochter wacht auf, mitten in der Nacht, und sagt es. Ich konnte es einfach nicht mehr aushalten.»

«Du hättest sie rüberschicken sollen in mein Haus, Jim. Ich und meine Frau, wir hätten ihr schon was zu essen gegeben, irgendwas, irgendwie. Es scheint mir unrecht, ein kleines Mädchen wie sie umzubringen.»

«Ich hab genug verdient für uns alle», sagte Jim. «Ich konnt's einfach nicht mehr aushalten. Die Tochter ist die ganzen letzten Monate hungrig gewesen.»

«Nimm's nicht so schwer, Jim, Junge», sagte der Sheriff und versuchte sich nach vorn zu drängen.

Die Menge schwankte von Seite zu Seite.

«Und da hast du heute morgen einfach deine Büchse genommen und sie erschossen?» fragte einer.

«Als sie heute früh aufwacht und sagt, sie ist hungrig, konnt ich's eben nicht aushalten.»

Die Menge schob sich näher heran. Von allen Seiten strömten die Männer dem Gefängnis zu, und diejenigen, die später kamen, drängten sich nach vorn, um zu hören, was Jim zu sagen hatte.

«Jetzt hat die Polizei einen Groll gegen dich gefaßt, Jim», sagte jemand, «aber irgendwie scheint es mir nicht recht.»

"I can't help it," Jim said. "Daughter woke up again this morning that way."

The jailyard, the street, and the vacant lot on the other side were filled with men and boys. All of them were pushing forward to hear Jim. Word had spread all over town by that time that Jim Carlisle had shot and killed his eight-year-old daughter, Clara.

"Who does Jim share-crop for?" somebody asked.

"Colonel Henry Maxwell," a man in the crowd said. "Colonel Henry has had Jim out there about nine or ten years."

"Henry Maxwell didn't have no business coming and taking all the shares. He's got plenty of his own. It ain't right for Henry Maxwell to come and take Jim's, too."

The sheriff was pushing forward once more.

"The State's got a grudge against Jim now," somebody said. "Somehow it don't seem right, though."

The sheriff pushed his shoulder into the crowd of men and worked his way in closer.

A man shoved the sheriff away.

"Why did Henry Maxwell come and take your share of the crop, Jim?"

"He said I owed it to him because one of his mules died about a month ago."

The sheriff got in front of the barred window.

"You ought to go to the bunk now and rest some, Jim boy," he said. "Take off your shoes and stretch out, Jim boy."

He was elbowed out of the way.

"You didn't kill the mule, did you, Jim?"

"The mule dropped dead in the barn," Jim said. "I wasn't nowhere around. It just dropped dead."

«Ich kann nichts dafür», sagte Jim. «Tochter wachte heute früh wieder so auf.»

Der Gefängnishof, die Straße und der leere Platz auf der andern Seite waren mit Männern und Burschen angefüllt. Alle drängten sich nach vorn, um Jim zu hören. Um diese Zeit hatte sich schon durch die ganze Stadt die Nachricht verbreitet, daß Jim Carlisle auf seine achtjährige Tochter Clara geschossen und sie getötet hatte.

«Für wen arbeitet Jim denn auf Ernteanteil?» fragte jemand.

«Für Colonel Henry Maxwell», sagte ein Mann aus der Menge. «Colonel Maxwell hat Jim neun oder zehn Jahre draußen bei sich gehabt.»

«Henry Maxwell hatte kein Recht, einfach herzugehen und Jim alle Anteile wegzunehmen. Er hat selbst reichlich genug. Es ist nicht recht von Henry Maxwell, sich Jims Anteil auch noch zu nehmen.»

Wieder schob sich der Sheriff vor.

«Jetzt hat die Polizei einen Groll gegen Jim», sagte einer. «Aber irgendwie kommt mir's unrecht vor.»

Der Sheriff arbeitete sich mit den Schultern durch die Menschenmenge und kam näher heran.

Ein Mann stieß den Sheriff wieder weg.

«Warum ist Henry Maxwell gekommen und hat dir deinen Anteil von der Ernte weggenommen, Jim?»

«Er sagte, ich bin ihm so viel schuldig, weil eins seiner Mulis vor einem Monat gestorben ist.»

Der Sheriff trat vor das vergitterte Fenster.

«Du solltest dich jetzt auf deine Pritsche legen und dich ausruhen, Jim, mein Junge», sagte er. «Zieh deine Schuhe aus und streck dich aus, Jim, mein Junge.»

Viele Ellbogen stießen ihn weg.

«Du hast das Muli nicht umgebracht, Jim, oder?»

«Der Muli fiel tot um im Stall», sagte Jim. «Ich war gar nicht in der Nähe. Er fiel einfach tot um.»

The crowd was pushing harder. The men in front were jammed against the jail, and the men behind were trying to get within earshot. Those in the middle were squeezed against each other so tightly they could not move in any direction. Everyone was talking louder.

Jim's face pressed between the bars and his fingers gripped the iron until the knuckles were white.

The milling crowd was moving across the street to the vacant lot. Somebody was shouting. He climbed up on an automobile and began swearing at the top of his lungs.

A man in the middle of the crowd pushed his way out and went to his automobile. He got in and drove off alone.

Jim stood holding to the bars and looking through the window. The sheriff had his back to the crowd, and he was saying something to Jim. Jim did not hear what he said.

A man on his way to the gin with a load of cotton stopped to find out what the trouble was. He looked at the crowd in the vacant lot for a moment, and then he turned around and looked at Jim behind the bars. The shouting across the street was growing louder.

"What's the trouble, Jim?"

Somebody on the other side of the street came to the wagon. He put his foot on a spoke in the wagon wheel and looked up at the man on the cotton while he talked.

"Daughter woke up this morning again saying she was hungry," Jim said.

The sheriff was the only person who heard him.

The man on the load of cotton jumped to the ground, tied the reins to the wagon wheel, and push-

Die Menge drückte härter vorwärts. Die Männer vorn wurden gegen das Gefängnis gequetscht, und die Männer weiter hinten versuchten, in Hörweite zu kommen. Die in der Mitte wurden so eng zusammengedrängt, daß sie sich in keiner Richtung fortbewegen konnten. Alle sprachen lauter.

Jims Gesicht drückte sich zwischen die Eisenstäbe und seine Finger umkrampften sie, bis die Knöchel weiß waren.

Die mahlende Volksmenge bewegte sich über die Straße auf den freien Platz zu. Irgendeiner schrie in einem fort. Er kletterte auf ein Auto und begann aus Leibeskräften zu fluchen.

Ein Mann inmitten der Menge bahnte sich seinen Weg heraus und ging zu seinem Auto. Er stieg ein und fuhr allein ab.

Jim stand da und hielt sich an den Gitterstäben fest und sah durchs Fenster. Der Sheriff hatte der Menge den Rücken zugekehrt, und er sagte etwas zu Jim. Jim hörte nicht, was er sagte.

Ein Mann mit einer Ladung Baumwolle auf dem Wege zur Fabrik hielt an um zu hören, was es gab. Er sah einen Augenblick auf die Menge auf dem freien Platz, dann wandte er sich um und schaute auf Jim hinter den Eisenstäben. Die Zurufe von der andern Straßenseite wurden lauter.

«Was ist denn los, Jim?»

Jemand von der anderen Straßenseite kam zu dem Wagen. Er stellte einen Fuß auf eine Speiche des Wagenrads und sah beim Sprechen hinauf zu dem Mann auf den Baumwollballen.

«Die Tochter wacht heut morgen wieder auf und sagt, sie ist hungrig.»

Der Sheriff war der einzige Mensch, der ihn hörte.

Der Mann auf den Baumwollballen sprang zu Boden, band die Zügel an das Wagenrad und schob sich durch die Men-

ed through the crowd to the car where all the shouting and swearing was being done. After listening for a while, he came back to the street, called a Negro who was standing with several other Negroes on the corner, and handed him the reins. The Negro drove off with the cotton towards the gin, and the man went back into the crowd.

Just then the man who had driven off alône in his car came back. He sat for a moment behind the steering wheel, and then he jumped to the ground. He opened the rear and took out a crowbar that was as long as he was tall.

"Pry that jail door open and let Jim out," somebody said. "It ain't right for him to be in there."

The crowd in the vacant lot was moving again. The man who had been standing on top of the automobile jumped to the ground, and the men moved towards the street in the direction of the jail.

The first man to reach it jerked the six-foot crowbar out the soft earth where it had been jabbed.

The sheriff backed off.

"Now, take it easy, Jim boy," he said.

He turned and started walking rapidly up the street towards his house.

schenmenge zu dem Auto, bei dem das Geschrei und das Geschimpfe veranstaltet wurden. Nachdem er eine Weile zugehört hatte, kam er zurück auf die Straße, rief einen Neger, der mit ein paar anderen Negern an einer Ecke stand, und gab ihm die Zügel. Der Neger fuhr mit der Baumwolle zur Fabrik und der Mann tauchte wieder in die Menge.

In diesem Augenblick kam der Mann zurück, der allein weggefahren war. Er blieb eine Sekunde hinter dem Steuer sitzen, dann sprang er auf die Erde. Er öffnete die hintere Tür des Wagens und nahm eine Brechstange heraus – so lang wie er hoch war.

«Brecht die Gefängnistür auf und laßt Jim heraus», sagte jemand. «Es ist nicht recht, er gehört nicht da hinein!»

Die Menge auf dem freien Platz bewegte sich wieder. Der Mann, der oben auf dem Auto gestanden hatte, sprang herunter, und die Männer drängten in Richtung des Gefängnisses auf die Straße zu.

Der Erste, der sie greifen konnte, riß die sechs Fuß lange Brechstange aus dem weichen Boden, in den sie gesteckt war.

Der Sheriff zog sich zurück.

«Also – nimm's nicht zu schwer, Jim, mein Junge», sagte er.

Er wandte sich um und begann sehr schnell die Straße hinauf zu gehen, seinem Hause zu.

William Faulkner
A Rose for Emily

1

When Miss Emily Grierson died, our whole town went to her funeral: the men through a sort of respectful affection for a fallen monument, the women mostly out of curiosity to see the inside of her house, which no one save an old man-servant – a combined gardener and cook – had seen in at least ten years.

It was a big, squarish frame house that had once been white, decorated with cupolas and spires and scrolled balconies in the heavily lightsome style of the seventies, set on what had once been our most select street. But garages and cotton gins had encroached and obliterated even the august names of that neighborhood; only Miss Emily's house was left, lifting its stubborn and coquettish decay above the cotton wagons and the gasoline pumps – an eyesore among eyesores. And now Miss Emily had gone to join the representatives of those august names where they lay in the cedar-bemused cemetery among the ranked and anonymous graves of Union and Confederate soldiers who fell in the battle of Jefferson.

Alive, Miss Emily had been a tradition, a duty, and a care; a sort of hereditary obligation upon the town, dating from that day in 1894 when Colonel Sartoris, the mayor – he who fathered the edict that no Negro woman should appear on the streets without an apron – remitted her taxes, the dispensation dating from the death of her father on into perpetuity.

William Faulkner
Eine Rose für Emilia

1

Als Fräulein Emilia Grierson starb, ging unsere ganze Stadt zu ihrem Begräbnis: die Männer aus einer gewissen ehrfürchtigen Zuneigung für ein gestürztes Denkmal, die Frauen meist aus Neugier, um das Innere ihres Hauses zu sehen, das niemand außer einem alten Diener – Gärtner und Koch zugleich – in den letzten zehn Jahren erblickt hatte.

Es war ein großes würfelförmiges Fachwerkhaus, das einst weiß gewesen, verziert mit Kuppeln und Türmchen und verschnörkelten Balkonen im schwerfällig heiteren Stil der Siebzigerjahre, an unserer ehemals vornehmsten Straße gelegen. Aber Garagenbetriebe und Baumwollfabriken hatten die stolzen Namen jenes Viertels überdeckt und ausgelöscht; nur Fräulein Emilias Haus war geblieben und erhob sich in eigenwilligem, verspieltem Verfall über den Baumwollwaggons und Tankstellen – ein Greuel unter anderen Greueln. Und nun war Fräulein Emilia zu den Trägern jener erlauchten Namen dorthin gegangen, wo sie auf dem zedernbeschatteten Friedhof lagen, zwischen den namenlosen Reihengräbern der Nord- und Südstaatensoldaten, die in der Schlacht bei Jefferson gefallen waren.

Im Leben war Fräulein Emilia eine Tradition gewesen, eine Pflicht, eine Sorge; eine Art ererbter Verpflichtung für die Stadt seit jenem Tage im Jahre 1894, als Colonel Sartoris, der Bürgermeister (Vater der Verordnung, daß keine Negerfrau ohne Schürze auf den Straßen erscheinen durfte) ihr die Steuern erließ; der Dispens galt vom Tode ihres Vaters an für die Dauer ihres Lebens. Nicht daß Fräulein Emilia eine

Not that Miss Emily would have accepted charity. Colonel Sartoris invented an involved tale to the effect that Miss Emily's father had loaned money to the town, which the town, as a matter of business, preferred this way of repaying. Only a man of Colonel Sartoris' generation and thought could have invented it, and only a woman could have believed it.

When the next generation, with its more modern ideas, became mayors and aldermen, this arrangement created some little dissatisfaction. On the first of the year they mailed her a tax notice. February came, and there was no reply. They wrote her a formal letter, asking her to call at the sheriff's office at her convenience. A week later the mayor wrote her himself, offering to call or to send his car for her, and received in reply a note on paper of an archaic shape, in a thin, flowing calligraphy in faded ink, to the effect that she no longer went out at all. The tax notice was also enclosed, without comment.

They called a special meeting of the Board of Aldermen. A deputation waited upon her, knocked at the door through which no visitor had passed since she ceased giving china-painting lessons eight or ten years earlier. They were admitted by the old Negro into a dim hall from which a stairway mounted into still more shadow. It smelled of dust and disuse – a close, dank smell. The Negro led them into the parlor. It was furnished in heavy, leather-covered furniture. When the Negro opened the blinds of one window, they could see that the leather was cracked; and when they sat down, a faint dust rose sluggishly about their thighs, spinning with slow motes in the single sun-ray. On a tarnished gilt easel before the fireplace stood a crayon portrait of Miss Emily's father.

Wohltat angenommen hätte. Colonel Sartoris erfand eine verwickelte Geschichte, derzufolge Fräulein Emilias Vater der Stadt Geld geliehen hatte, das die Stadt aus geschäftlichen Gründen auf diesem Wege zurückzuzahlen vorzog. Nur ein Mann aus der Generation und aus der Gedankenwelt des Colonel Sartoris hatte sie erfinden, und nur eine Frau hatte sie glauben können.

Als die nächste Generation mit ihren moderneren Ideen zu Bürgermeistern und Stadträten wurde, schuf dieses Abkommen ein wenig Mißbehagen. Am Jahresersten sandten sie ihr einen Steuerbescheid. Der Februar kam, aber keine Antwort. Sie schrieben ihr einen formellen Brief mit der Bitte, wann immer es ihr passe, im Büro des Sheriffs vorzusprechen. Eine Woche später schrieb der Bürgermeister selbst und bot ihr an, zu ihr zu kommen oder sie mit seinem Wagen holen zu lassen. Als Antwort erhielt er einen Briefbogen vorsintflutlichen Formats mit dünner, glatter Schönschrift in verblaßter Tinte, des Inhalts, daß sie überhaupt nicht mehr ausgehe. Ohne Kommentar war der Steuerbescheid beigefügt.

Sie beraumten eine Sondersitzung des Stadtrates an. Eine Abordnung suchte sie auf und klopfte an die Tür, durch die kein Gast gegangen war, seit sie vor acht oder zehn Jahren aufgehört hatte, Unterricht im Porzellanmalen zu geben. Sie wurden von dem alten Neger in eine düstere Halle gelassen, aus der eine Treppe in noch tiefere Dunkelheit führte. Es roch nach Staub und Unbewohntheit – ein stickiger, feuchtkalter Geruch. Der Neger führte sie in den Salon. Er war mit schweren, lederbezogenen Möbeln eingerichtet. Als der Neger die Läden des einen Fensters öffnete, konnten sie sehen, daß das Leder brüchig war; und als sie sich setzten, erhob sich matt ein feiner Staub um ihre Schenkel, und die Stäubchen drehten sich langsam in dem einzigen Sonnenstrahl. Auf einer blindgewordenen vergoldeten Staffelei vor dem Kamin stand ein Kreideporträt von Fräulein Emilias Vater.

They rose when she entered – a small, fat woman in black, with a thin gold chain descending to her waist and vanishing into her belt, leaning on an ebony cane with a tarnished gold head. Her skeleton was small and spare; perhaps that was why what would have been merely plumpness in another was obesity in her. She looked bloated, like a body long submerged in motionless water, and of that pallid hue. Her eyes, lost in the fatty ridges of her face, looked like two small pieces of coal pressed into a lump of dough as they moved from one face to another while the visitors stated their errand.

She did not ask them to sit. She just stood in the door and listened quietly until the spokesman came to a stumbling halt. Then they could hear the invisible watch ticking at the end of the gold chain.

Her voice was dry and cold. "I have no taxes in Jefferson. Colonel Sartoris explained it to me. Perhaps one of you can gain access to the city records and satisfy yourselves."

"But we have. We are city authorities, Miss Emily. Didn't you get a notice from the sheriff, signed by him?"

"I received a paper, yes," Miss Emily said. "Perhaps he considers himself the sheriff... I have no taxes in Jefferson."

"But there is nothing on the books to show that, you see. We must go by the –"

"See Colonel Sartoris. I have no taxes in Jefferson."

"But, Miss Emily –"

"See Colonel Sartoris." (Colonel Sartoris had been dead almost ten years.) "I have no taxes in Jefferson.
106 Tobe!" The Negro appeared. "Show these gentlemen
107 out."

Sie erhoben sich, als sie eintrat – eine kleine, dicke Frau in Schwarz, mit einer dünnen goldenen Kette, die bis zur Taille herabhing und in ihrem Gürtel verschwand; sie stützte sich auf einen Ebenholzstock mit einem blinden Goldknauf. Ihr Knochenbau war klein und schmächtig; vielleicht wirkte deshalb bei ihr beinahe fett, was bei andern nur untersetzt gewesen wäre. Sie sah gedunsen aus, wie eine Leiche, die schon lange in einem stillen Wasser versenkt war, und ebenso bleich. Ihre Augen, die sich in den fetten Wülsten des Gesichtes verloren, sahen wie zwei kleine in einen Teigklumpen gepreßte Kohlenstücke aus, als sie von einem Gesicht zum andern wanderten, während die Besucher ihren Auftrag vorbrachten.

Sie forderte sie nicht auf, sich zu setzen. Sie stand bloß in der Tür und hörte ruhig zu, bis der Sprecher stockend verstummte. Dann konnten sie die unsichtbare Uhr am Ende der goldenen Kette ticken hören.

Ihre Stimme war trocken und kalt. «Ich zahle in Jefferson keine Steuern. Colonel Sartoris hat es mir erklärt. Vielleicht kann einer von Ihnen sich Zugang zu den städtischen Urkunden verschaffen und Sie überzeugen.»

«Aber das haben wir. Wir sind Beauftragte der Stadt, Fräulein Emilia. Bekamen Sie nicht die vom Sheriff selbst unterzeichnete Mitteilung?»

«Ich bekam ein Papier, ja», sagte Fräulein Emilia. «Vielleicht hält er sich für den Sheriff... Ich zahle keine Steuern in Jefferson.»

«Aber dafür ist kein Beweis in unseren Büchern, sehen Sie. Wir müssen uns danach richten –»

«Suchen Sie Colonel Sartoris auf. Ich zahle keine Steuern in Jefferson.»

«Aber Fräulein Emilia –»

«Suchen Sie Colonel Sartoris auf.» (Colonel Sartoris war fast zehn Jahre tot.) «Ich zahle keine Steuern in Jefferson. Tobias!» Der Neger erschien. «Führe die Herren hinaus.»

2

So she vanquished them, horse and foot, just as she had vanquished their fathers thirty years before about the smell. That was two years after her father's death and a short time after her sweetheart – the one we believed would marry her – deserted her. After her father's death she went out very little; after her sweetheart went away, people hardly saw her at all. A few of the ladies hat the temerity to call, but were not received, and the only sign of life about the place was the Negro man – a young man then – going in and out with a market basket.

"Just as if a man – any man – could keep a kitchen properly," the ladies said; so they were not surprised when the smell developed. It was another link between the gross, teeming world and the high and mighty Griersons.

A neighbor, a woman, complained to the mayor, Judge Stevens, eighty years old.

"But what will you have me do about it, madam?" he said.

"Why, send her word to stop it," the woman said. "Isn't there a law?"

"I'm sure that won't be necessary," Judge Stevens said. "It's probably just a snake or a rat that Negro of hers killed in the yard. I'll speak to him about it."

The next day he received two more complaints, one from a man who came in diffident deprecation. "We really must do something about it, Judge. I'd be the last one in the world to bother Miss Emily, but we've got to do something." That night the Board of Alder-
108 men met – three graybreards and one younger man,
109 a member of the rising generation.

2

So schlug sie sie auf der ganzen Linie, wie sie vor dreißig Jahren ihre Väter geschlagen hatte – als es sich um den Geruch handelte. Das war zwei Jahre nach ihres Vaters Tod, und kurze Zeit nachdem ihr Freund – der sie, wie wir glaubten, heiraten wollte – sie verlassen hatte. Nach ihres Vaters Tod ging sie sehr wenig aus; nachdem ihr Liebster fort war, sah man sie überhaupt kaum mehr. Nur wenige Damen hatten die Kühnheit, sie zu besuchen, wurden aber nicht empfangen, und das einzige Anzeichen von Leben in dem Besitztum war der Neger, damals ein junger Mann, der mit einem Marktkorb aus- und einging.

«Als ob ein Mann, wer es auch sei, eine Küche ordentlich führen könnte», sagten die Damen; sie waren daher nicht überrascht, als der Geruch sich entwickelte. Er war wieder ein Bindeglied zwischen der derben, betriebsamen Welt und den stolzen und mächtigen Griersons.

Eine Nachbarin beklagte sich bei dem achtzigjährigen Bürgermeister Richter Stevens.

«Aber was soll ich denn tun in der Angelegenheit?» fragte er.

«Nun, schicken Sie ihr einen Befehl, daß es aufzuhören hat», sagte die Frau. «Gibt es da kein Gesetz?»

«Ich bin sicher, daß es nicht nötig sein wird», sagte Richter Stevens. «Es ist vermutlich bloß eine Schlange oder eine Ratte, die ihr Neger im Hof totgeschlagen hat. Ich werde mit ihm darüber sprechen.»

Am nächsten Tage erhielt er zwei neue Beschwerden, die eine von einem Mann, der kam und schüchtern um Abhilfe bat: «Wir müssen hier wirklich etwas unternehmen, Richter. Ich wäre der Letzte auf der Welt, der Fräulein Emilia belästigen möchte, aber wir müssen etwas tun!» An jenem Abend trat der Stadtrat zusammen – drei Graubärte und ein jüngerer Mann, ein Mitglied der aufsteigenden Generation.

"It's simple enough," he said. "Send her word to have her place cleaned up. Give her a certain time to do it in, and if she don't..."

"Dammit, sir," Judge Stevens said, "will you accuse a lady to her face of smelling bad?"

So the next night, after midnight, four men crossed Miss Emily's lawn and slunk about the house like burglars, sniffing along the base of the brickwork and at the cellar openings while one of them performed a regular sowing motion with his hand out of a sack slung from his shoulder. They broke open the cellar door and sprinkled lime there, and in all the outbuildings. As they recrossed the lawn, a window that had been dark was lighted and Miss Emily sat in it, the light behind her, and her upright torso motionless as that of an idol. They crept quietly across the lawn and into the shadow of the locusts that lined the street. After a week or two the smell went away.

That was when people had begun to feel really sorry for her. People in our town, remembering how Old Lady Wyatt, her great-aunt, had gone completely crazy at last, believed that the Griersons held themselves a little too high for what they really were. None of the young men was quite good enough for Miss Emily and such. We had long thought of them as a tableau: Miss Emily a slender figure in white in the background, her father a spraddled silhouette in the foreground, his back to her and clutching a horsewhip, the two of them framed by the back-flung front door. So when she got to be thirty and was still single, we were not pleased exactly, but vindicated; even with insanity in the family she wouldn't have turned down all of her chances if they had really materialized.

«Es ist doch ganz einfach», sagte er. «Schicken Sie ihr den Befehl, ihr Grundstück säubern zu lassen. Geben Sie ihr eine gewisse Frist dazu, und wenn sie es nicht tut –»

«Verdammt, Sir», sagte Richter Stevens, «wollen Sie einer Dame ins Gesicht sagen, daß es bei ihr schlecht riecht?»

So überschritten in der nächsten Nacht nach Mitternacht vier Männer Fräulein Emilias Rasenplatz und schlichen wie Einbrecher ums Haus, beschnüffelten das Ziegelfundament und die Kellerluken, während einer von ihnen mit seiner Hand aus einem Sack, der über seiner Schulter hing, regelrecht zu säen schien. Sie brachen die Kellertür auf und streuten dort wie in allen Nebengebäuden Kalk. Als sie über den Rasen zurückgingen war ein Fenster erleuchtet, das dunkel gewesen war, und darin saß Fräulein Emilia, hinter sich das Licht, ihr aufrechter Oberkörper reglos wie der eines Götzenbildes. Sie krochen leise über den Rasenplatz und in den Schatten der Akazien, die die Straße säumten. Nach ein oder zwei Wochen verging der Geruch.

Das war damals, als die Leute anfingen sie wirklich zu bemitleiden. Man erinnerte sich in unserer Stadt daran, wie die alte Lady Wyatt, ihre Großtante, zuletzt völlig verrückt geworden war, und man fand die Griersons hochmütiger als es ihnen tatsächlich zukam. Keiner der jungen Männer war so recht gut genug für Fräulein Emilia und ihresgleichen. Wir hatten lange an sie gedacht wie an ein Bild: Fräulein Emilia, eine schlanke Gestalt in Weiß im Hintergrund, ihr Vater als breitbeinige Silhouette im Vordergrund, mit dem Rücken zu ihr, eine Reitpeitsche umklammernd, beide eingerahmt von der aufgeschlagenen Haustür. Als sie allmählich auf die Dreißig zuging und immer noch ledig war, freuten wir uns zwar nicht gerade, empfanden aber doch eine gewisse Genugtuung; sogar mit Irrsinn in der Familie hätte sie nicht all ihre Chancen ausgeschlagen, wenn sie feste Form angenommen hätten.

When her father died, it got about that the house was all that was left to her; and in a way, people were glad. At last they could pity Miss Emily. Being left alone and a pauper, she had become humanized. Now she too would know the old thrill and the old despair of a penny more or less.

The day after his death all the ladies prepared to call at the house and offer condolence and aid, as is our custom. Miss Emily met them at the door, dressed as usual and with no trace of grief on her face. She told them that her father was not dead. She did that for three days, with the ministers calling on her, and the doctors, trying to persuade her to let them dispose of the body. Just as they were about to resort to law and force, she broke down, and they buried her father quickly.

We did not say she was crazy then. We believed she had to do that. We remembered all the young men her father had driven away, and we knew that with nothing left, she would have to cling to that which had robbed her, as people will.

3

She was sick for a long time. When we saw her again, her hair was cut short, making her look like a girl, with a vague resemblance to those angels in colored church windows – sort of tragic and serene.

The town had just let the contracts for paving the sidewalks, and the summer after her father's death they began the work. The construction company came with Negroes and mules and machinery, and a foreman named Homer Barron, a Yankee – a big, dark, ready man, with a big voice and eyes lighter than his face. The little boys would follow in groups

Als ihr Vater starb, sprach es sich herum, daß das Haus alles war, was er ihr hinterließ; und irgendwie waren die Leute froh. Endlich konnten sie Fräulein Emilia bemitleiden. Allein geblieben und verarmt war sie menschlich geworden. Nun würde auch sie die alte Aufregung kennenlernen, den alten Jammer um den Pfennig mehr oder weniger, den man besaß.

Am Tage nach seinem Tode bereiteten sich alle Damen vor, sie in ihrem Hause aufzusuchen und ihr, wie bei uns üblich, Trost und Hilfe zu bieten. Fräulein Emilia empfing sie an der Tür, gekleidet wie gewöhnlich und ohne eine Spur von Trauer im Gesicht. Sie sagte ihnen, ihr Vater sei nicht tot. Das tat sie drei Tage lang, während die Pfarrer und die Ärzte kamen und sie zu überreden versuchten, ihnen die Verfügung über die Leiche zu überlassen. Erst als sie daran gingen, zu Gesetz und Gewalt Zuflucht zu nehmen, brach sie zusammen, und sie begruben ihren Vater schnell.

Damals sagten wir nicht, sie sei verrückt. Wir meinten, sie müsse so handeln. Wir erinnerten uns all der jungen Männer, die ihr Vater weggejagt hatte, und wir wußten: jetzt, da ihr nichts mehr geblieben war, mußte sie sich an das klammern, was sie um alles gebracht hatte – so ist der Mensch nun einmal.

3

Sie war lange Zeit krank. Als wir sie wiedersahen, war ihr Haar kurz geschnitten – das gab ihr das Aussehen eines Mädchens und eine schwache Ähnlichkeit mit jenen Engeln in bunten Kirchenfenstern – irgendwie tragisch und gelassen.

Die Stadt hatte gerade die Aufträge für die Pflasterung der Bürgersteige vergeben, und im Sommer nach ihres Vaters Tod begann man mit der Arbeit. Die Baugesellschaft kam mit Negern und Maultieren und Maschinen und einem Werkführer namens Homer Barron, einem Yankee – einem großen, dunklen, tüchtigen Mann mit lauter Stimme und Augen, die heller waren als sein Gesicht. Die kleinen Jungen folgten ihm scha-

to hear him cuss the Negroes, and the Negroes singing in time to the rise and fall of picks. Pretty soon he knew everybody in town. Whenever you heard a lot of laughing about the square, Homer Barron would be in the center of the group. Presently we began to see him and Miss Emily on Sunday afternoons driving in the yellow-wheeled buggy and the matched team of bays from the livery stable.

At first we were glad that Miss Emily would have an interest, because the ladies all said, "Of course a Grierson would not think seriously of a Northerner, a day laborer." But there were still others, older people, who said that even grief could not cause a real lady to forget *noblesse oblige* – without calling it *noblesse oblige*. They just said, "Poor Emily. Her kinsfolk should come to her." She had some kin in Alabama; but years ago her father had fallen out with them over the estate of Old Lady Wyatt, the crazy woman, and there was no communication between the two families. They had not even been represented at the funeral.

And as soon as the old people said, "Poor Emily," the whispering began. "Do you suppose it's really so?" they said to one another. "Of course it is. What else could..." This behind their hands; rustling of craped silk and satin behind jalousies closed upon the sun of Sunday afternoon as the thin, swift clop-clop-clop of the matched team passed: "Poor Emily."

She carried her head high enough – even when we believed that she was fallen. It was as if she demanded more than ever the recognition of her dignity as the last Grierson; as if it had wanted that touch of earthiness to reaffirm her imperviousness. Like when she bought the rat poison, the arsenic. That was over

renweise, um ihn mit den Negern fluchen zu hören, und die Neger sangen im Takt zum Heben und Niederfallen ihrer Spitzeisen. Bald kannte er alle Leute in der Stadt. Wann immer man lautes Gelächter auf dem Marktplatz hörte, war Homer Barron Mittelpunkt der Gruppe. Und alsbald sahen wir ihn und Fräulein Emilia Sonntag nachmittags im gelbräderigen Sportwagen mit dem Fuchspaar des Tattersalls spazierenfahren.

Zuerst freuten wir uns, daß Fräulein Emilia wieder an etwas Interesse fand, denn die Damen sagten alle: «Natürlich kann eine Grierson nicht ernstlich an einen Yankee denken – einen Tagelöhner!» Doch es gab auch andere, ältere Leute, die meinten, selbst im Kummer dürfe eine wirkliche Dame nicht ihr «noblesse oblige» vergessen – natürlich nannten sie es nicht «noblesse oblige». Sie sagten bloß: «Arme Emilia. Ihre Verwandten sollten zu ihr kommen.» Sie hatte einige Verwandte in Alabama; aber vor Jahren hatte sich ihr Vater mit ihnen um den Besitz der alten Lady Wyatt – jener Verrückten – entzweit, und es bestand keine Verbindung zwischen den beiden Familien. Sie waren nicht einmal bei der Beerdigung vertreten gewesen.

Und sobald die alten Leute «Arme Emilia» sagten, begann der Klatsch. «Meinen Sie, es ist wirklich so?» fragten sie einander. «Natürlich ist es so! Was könnte sonst...» So hieß es hinter vorgehaltenen Händen; geraffte Seide und Atlas raschelten hinter den Jalousien, die sonntagnachmittags gegen die Sonne geschlossen waren, wenn das helle, rasche Klappklapp-klapp des Fuchsgespannes vorbeikam. «Arme Emilia.»

Sie trug den Kopf hoch genug – sogar als wir meinten, sie sei gefallen. Es war, als verlange sie mehr denn je die Anerkennung ihrer Würde als letzte Grierson; als habe es noch dieses Hauchs des Allzumenschlichen bedurft, um ihre Unnahbarkeit zu bestätigen. Nicht anders war es, als sie das Rattengift kaufte, das Arsen. Das war über ein Jahr, nachdem man

a year after they had begun to say "Poor Emily," and while the two female cousins were visiting her.

"I want some poison," she said to the druggist. She was over thirty then, still a slight woman, though thinner than usual, with cold, haughty black eyes in a face the flesh of which was strained across the temples and about the eye-sockets as you imagine a lighthousekeeper's face ought to look. "I want some poison," she said.

"Yes, Miss Emily. What kind? For rats and such? I'd recom –"

"I want the best you have. I don't care what kind."

The druggist named several. "They'll kill anything up to an elephant. But what you want is –"

"Arsenic," Miss Emily said. "Is that a good one?"

"Is ... arsenic? Yes, ma'am. But what you want –"

"I want arsenic."

The druggist looked down at her. She looked back at him, erect, her face like a strained flag. "Why, of course," the druggist said. "If that's what you want. But the law requires you to tell what you are going to use it for."

Miss Emily just stared at him, her head tilted back in order to look him eye for eye, until he looked away and went and got the arsenic and wrapped it up. The Negro delivery boy brought her the package; the druggist didn't come back. When she opened the package at home there was written on the box, under the skull and bones: "For rats."

4

So the next day we all said, "She will kill herself"; and we said it would be the best thing. When she had first begun to be seen with Homer Barron, we

angefangen hatte «Arme Emilia» zu sagen, und während des Besuchs der beiden Kusinen.

«Ich brauche etwas Gift», sagte sie zu dem Drogisten. Sie war damals über dreißig, noch eine schlanke Frau, obwohl dünner als gewöhnlich, mit kalten, hochmütigen schwarzen Augen in einem Gesicht, dessen Haut sich über Schläfen und Augenhöhlen spannte – wie man sich das im Gesicht eines Leuchtturmwärters vorzustellen pflegt. «Ich brauche etwas Gift», sagte sie.

«Ja, Fräulein Emilia. Welche Sorte? Für Ratten und dergleichen? Ich würde empfehlen –»

«Ich möchte das beste, das Sie haben. Die Sorte ist gleich.»

Der Drogist nannte verschiedene. «Sie töten alles, bis hinauf zum Elefanten. Aber was Sie brauchen, ist –»

«Arsen», sagte Fräulein Emilia. «Ist das gut?»

«Ob... Arsen...? Ja, Madame. Aber was Sie brauchen –»

«Ich möchte Arsen.»

Der Drogist sah auf sie hinab. Sie erwiderte den Blick, aufrecht, ihr Gesicht wie eine straff gespannte Fahne. «Nun ja, gewiß», sagte der Drogist. «Wenn Sie gerade das wollen. Aber das Gesetz erfordert, daß Sie sagen, wozu Sie es verwenden wollen.»

Fräulein Emilia starrte ihn bloß an, den Kopf zurückgeworfen, daß sie ihn Auge in Auge mustern konnte, bis er wegsah und ging und das Arsen holte und einwickelte. Der schwarze Laufjunge brachte ihr das Päckchen; der Drogist kam nicht zurück. Als sie das Paket zu Hause öffnete, stand auf der Schachtel unter dem Totenkopf und den zwei Knochen: «Für Ratten».

4

So sagten wir alle am nächsten Tag: «Sie wird sich umbringen»; und wir sagten, es wäre das Beste. Als man sie anfangs mit Homer Barron sah, hatten wir gesagt: «Sie wird ihn hei-

had said, "She will marry him." Then we said, "She will persuade him yet," because Homer himself had remarked – he liked men, and it was known that he drank with the younger men in the Elks' Club – that he was not a marrying man. Later we said, "Poor Emily" behind the jalousies as they passed on Sunday afternoon in the glittering buggy. Miss Emily with her head high and Homer Barron with his hat cocked and a cigar in his teeth, reins and whip in a yellow glove.

Then some of the ladies began to say that it was a disgrace to the town and a bad example to the young people. The men did not want to interfere, but at last the ladies forced the Baptist minister – Miss Emily's people were Episcopal – to call upon her. He would never divulge what happened during that interview, but he refused to go back again. The next Sunday they again drove about the streets, and the following day the minister's wife wrote to Miss Emily's relations in Alabama.

So she had blood-kin under her roof again and we sat back to watch developments. At first nothing happened. Then we were sure that they were to be married. We learned that Miss Emily had been to the jeweler's and ordered a man's toilet set in silver, with the letters H. B. on each piece. Two days later we learned that she had bought a complete outfit of men's clothing, including a nightshirt, and we said, "They are married." We were really glad. We were glad because the two female cousins were even more Grierson than Miss Emily had ever been.

So we were not surprised when Homer Barron – the streets had been finished some time since – was gone. We were a little disappointed that there was

raten.» Dann meinten wir: «Sie wird ihn doch noch herumkriegen», weil Homer selbst bemerkt hatte – er liebte Männergesellschaft, und es war bekannt, daß er mit den Jüngeren im Elchklub trank – er tauge nicht zum Ehemann. Später sagten wir hinter den Jalousien, wenn sie Sonntag nachmittags in ihrem spiegelblanken Jagdwagen vorbeifuhren: «Arme Emilia». – Fräulein Emilia mit hocherhobenem Kopf und Homer Barron mit zurückgeschobenem Hut und einer Zigarre zwischen den Zähnen, Zügel und Peitsche in einer gelb behandschuhten Hand.

Dann allmählich sagten einige Damen, es sei eine Schande für die Stadt und ein schlechtes Beispiel für die Jugend. Die Männer wollten sich nicht einmischen, aber schließlich zwangen die Damen den Baptistenpfarrer – Fräulein Emilias Familie war episkopal – sie aufzusuchen. Er wollte niemals verraten, was im Verlaufe dieser Unterredung geschah, aber er lehnte es ab, nochmals hinzugehen. Am nächsten Sonntag fuhren sie wieder in den Straßen herum, und am folgenden Tage schrieb die Frau des Pfarrers an Emilias Verwandte in Alabama.

So hatte sie wieder Blutsverwandte unter ihrem Dach, und wir saßen und beobachteten die weitere Entwicklung. Zuerst passierte nichts. Dann waren wir überzeugt, daß sie heiraten würden. Wir erfuhren, daß Fräulein Emilia beim Juwelier gewesen war und eine silberne Toilettengarnitur für einen Herrn bestellt hatte, mit den Buchstaben H. B. auf jedem Stück. Zwei Tage später hörten wir, daß sie einen kompletten Satz Herrengarderobe bestellt hatte, sogar ein dazugehöriges Nachthemd, und wir sagten: «Sie sind verheiratet.» Wir waren wirklich froh. Wir waren froh, weil die beiden Kusinen noch mehr Grierson waren, als Fräulein Emilia es jemals gewesen.

Deshalb waren wir nicht überrascht, als Homer Barron – die Straßen waren vor einiger Zeit fertig geworden – verschwand. Wir waren ein wenig enttäuscht, daß es keine offizielle Ab-

not a public blowing-off, but we believed that he had gone on to prepare for Miss Emily's coming, or to give her a chance to get rid of the cousins. (By that time it was a cabal, and we were all Miss Emily's allies to help circumvent the cousins.) Sure enough, after another week they departed. And, as we had expected all along, within three days Homer Barron was back in town. A neighbor saw the Negro man admit him at the kitchen door at dusk one evening.

And that was the last we saw of Homer Barron. And of Miss Emily for some time. The Negro man went in and out with the market basket, but the front door remained closed. Now and then we would see her at a window for a moment, as the men did that night when they sprinkled the lime, but for almost six months she did not appear on the streets. Then we knew that this was to be expected too; as if that quality of her father which had thwarted her woman's life so many times had been too virulent and too furious to die.

When we next saw Miss Emily, she had grown fat and her hair was turning gray. During the next few years it grew grayer and grayer until it attained an even pepper-and-salt iron-gray, when it ceased turning. Up to the day of her death at seventy-four it was still that vigorous iron-gray, like the hair of an active man.

From that time on her front door remained closed, save for a period of six or seven years, when she was about forty, during which she gave lessons in china-painting. She fitted up a studio in one of the downstairs rooms, where the daughters and granddaughters of Colonel Sartoris' contemporaries were sent to

schiedsfeier gegeben hatte, aber wir meinten, er sei weggefahren, um Vorbereitungen für Fräulein Emilias Ankunft zu treffen oder ihr die Möglichkeit zu geben, die Kusinen abzuschütteln. (Das war um diese Zeit eine Verschwörung, und wir waren alle Fräulein Emilias Verbündete, um die Kusinen zu überlisten.) Und wirklich, nach einer weiteren Woche reisten sie ab. Und wie wir es längst erwartet hatten: innerhalb von drei Tagen war Homer Barron wieder in der Stadt. Ein Nachbar sah, wie der Neger ihn eines Abends in der Dämmerung zur Küchentüre einließ.

Das war das Letzte, was wir von Homer Barron zu sehen bekamen. Und auch eine Zeit lang von Fräulein Emilia. Der Neger ging mit dem Marktkorb ein und aus, aber die Vordertür blieb geschlossen. Ab und zu bekamen wir sie für einen Augenblick am Fenster zu sehen, wie zum Beispiel die Männer in jener Nacht, als sie den Kalk streuten, doch fast sechs Monate lang erschien sie nicht auf der Straße. Dann wußten wir, daß auch dies nicht überraschend war: als ob jene Eigenart ihres Vaters, die ihr Leben als Frau so nachhaltig hatte verkümmern lassen, zu stark und zu wild gewesen wäre, um zu sterben.

Als wir Fräulein Emilia danach wiedersahen, war sie dick geworden und ihr Haar färbte sich schon grau. Während der nächsten paar Jahre wurde es grauer und grauer, bis es ein gleichmäßiges gesprenkeltes Eisengrau annahm; so blieb es dann. Bis zum Tage ihres Todes mit vierundsiebzig Jahren behielt es dieses kräftige Eisengrau wie das Haar eines rüstigen Mannes.

Von jener Zeit an blieb ihre Haustür geschlossen, mit Ausnahme einer Spanne von sechs oder sieben Jahren, als sie um die vierzig war; während dieser Zeit gab sie Unterricht im Porzellanmalen. Sie richtete in einem der Zimmer des Erdgeschosses ein Atelier ein, und dorthin wurden die Töchter und Enkelinnen der Zeitgenossen von Oberst Sartoris mit der-

her with the same regularity and in the same spirit that they were sent to church on Sunday with a twenty-five cent piece for the collection plate. Meanwhile her taxes had been remitted.

Then the newer generation became the backbone and the spirit of the town, and the painting pupils grew up and fell away and did not send their children to her with boxes of color and tedious brushes and pictures cut from the ladies' magazines. The front door closed upon the last one and remained closed for good. When the town got free postal delivery, Miss Emily alone refused to let them fasten the metal numbers above her door and attach a mailbox to it. She would not listen to them.

Daily, monthly, yearly we watched the Negro grow grayer and more stooped, going in and out with the market basket. Each December we sent her a tax notice, which would be returned by the post office a week later, unclaimed. Now and then we would see her in one of the downstairs windows – she had evidently shut up the top floor of the house – like the carven torso of an idol in a niche, looking or not looking at us, we could never tell which. Thus she passed from generation to generation – dear, inescapable, impervious, tranquil, and perverse.

And so she died. Fell ill in the house filled with dust and shadows, with only a doddering Negro man to wait on her. We did not even know she was sick; we had long since given up trying to get any information from the Negro. He talked to no one, probably not even to her, for his voice had grown harsh and rusty, as if from disuse.

She died in one of the downstairs rooms, in a heavy walnut bed with a curtain, her gray head

selben Regelmäßigkeit und im selben Geist zu ihr geschickt wie sonntags mit einem Fünfundzwanzig-Cent-Stück für den Sammelteller zur Kirche. Inzwischen waren ihr die Steuern erlassen worden.

Dann aber wurde die junge Generation zum Rückgrat und zur Seele unserer Stadt, die Malschülerinnen wurden erwachsen und blieben aus und schickten auch ihre Kinder nicht mehr mit Farbkästen und öden Pinseln und Bildern aus einer Damenzeitschrift zu ihr. Die Haustür schloß sich hinter der letzten Schülerin und blieb dann auf immer geschlossen. Als die Stadt freie Postzustellung bekam, weigerte sich einzig Fräulein Emilia, eine metallene Hausnummer über ihrer Tür und einen Briefkasten neben der Tür anbringen zu lassen. Sie wollte nichts davon wissen.

Durch Tage, Monate, Jahre sahen wir den Neger grauer und gebückter werden, wenn er mit dem Marktkorb ein- und ausging. Jeden Dezember schickten wir ihr einen Steuerbescheid, der eine Woche später durch das Postamt mit dem Vermerk «Annahme verweigert» zurückkam. Dann und wann sahen wir sie an einem ihrer unteren Fenster – sie hatte offenbar das Obergeschoß des Hauses abgeschlossen – wie den geschnitzten Torso eines Götzenbildes in einer Nische; ob sie uns ansah oder nicht, wußten wir nie zu sagen. So ging sie von Generation zu Generation – kostbar, unentrinnbar, unzugänglich, gelassen und störrisch.

Und so starb sie. Wurde krank in dem Haus, das voller Staub und Schatten war; nur der altersschwache Neger pflegte sie. Wir wußten nicht einmal, daß sie krank war; wir hatten es längst aufgegeben, von dem Neger eine Auskunft zu bekommen. Er sprach zu keinem, wahrscheinlich nicht einmal zu ihr, denn seine Stimme war rauh und rostig geworden, als wäre sie lange nicht gebraucht worden.

Sie starb in einem der unteren Räume in einem schweren Nußbaumbett mit einem Vorhang, den grauen Kopf auf ein

propped on a pillow yellow and moldy with age and lack of sunlight.

5

The Negro met the first of the ladies at the front door and let them in, with their hushed, sibilant voices and their quick, curious glances, and then he disappeared. He walked right through the house and out the back and was not seen again.

The two female cousins came at once. They held the funeral on the second day, with the town coming to look at Miss Emily beneath a mass of bought flowers, with the crayon face of her father musing profoundly above the bier and the ladies sibilant and macabre; and the very old men – some in their brushed Confederate uniforms – on the porch and the lawn, talking of Miss Emily as if she had been a contemporary of theirs, believing that they had danced with her and courted her perhaps, confusing time with its mathematical progression, as the old do, to whom all the past is not a diminishing road but, instead, a huge meadow which no winter ever quite touches, divided from them now by the narrow bottleneck of the recent decade of years.

Already we knew that there was one room in that region above stairs which no one had seen in forty years, and which would have to be forced. They waited until Miss Emily was decently in the ground before they opened it.

The violence of breaking down the door seemed to fill this room with pervading dust. A thin, acrid pall as of the tomb seemed to lie everywhere upon this room decked and furnished as for a bridal: upon the valance curtains of faded rose color, upon the

Kissen gelehnt, das vom Alter und Mangel an Sonnenlicht gelb und stockfleckig war.

5

Der Neger empfing die ersten Damen an der Haustür und ließ sie ein mit ihren gedämpften, zischelnden Stimmen und ihren raschen, neugierigen Blicken, und dann verschwand er. Er ging geradenwegs durch das Haus und die Hintertür und wurde nicht wieder gesehen.

Die beiden Kusinen kamen sofort. Sie hielten das Begräbnis am zweiten Tag ab, und die Stadt kam, um Fräulein Emilia unter einer Menge gekaufter Blumen zu sehen; das Kreide-Antlitz ihres Vaters blickte tiefsinnig über die Bahre auf die zischelnden und makabergestimmten Damen; und die sehr alten Herren – einige in ihren gutgebürsteten Uniformen aus dem Bürgerkrieg – standen auf der Veranda und dem Rasenplatz und sprachen von Fräulein Emilia, als wäre sie ihre Zeitgenossin gewesen; sie meinten mit ihr getanzt und ihr vielleicht den Hof gemacht zu haben; sie brachten die Zeit mit ihrem mathematischen Fortschreiten durcheinander, wie alte Leute es tun, denen die Vergangenheit keine sich verjüngende Straße ist, sondern eine große Wiese, die kein Winter wirklich berührt, und die jetzt durch den Engpaß der letztvergangenen Jahrzehnte von ihnen abgetrennt ist.

Wir wußten bereits, daß sich irgendwo da oben im Haus ein Zimmer befand, welches seit vierzig Jahren niemand gesehen hatte und das man nun würde aufbrechen müssen. Man wartete, bis Fräulein Emilia ordnungsgemäß beerdigt war, ehe man es öffnete.

Die Gewaltsamkeit des Türaufbrechens schien den Raum mit durchdringendem Staub zu füllen. Wie ein dünnes, scharfes Leichentuch aus einer Gruft lag er über jedem Ding in diesem Raum, der wie zu einer Brautnacht geschmückt und hergerichtet war; er lag auf den Bettgardinen in verblichener Rosen-

rose-shaded lights, upon the dressing table, upon the delicate array of crystal and the man's toilet things backed with tarnished silver, silver so tarnished that the monogram was obscured. Among them lay a collar and tie, as if they had just been removed, which, lifted, left upon the surface a pale crescent in the dust. Upon a chair hung the suit, carefully folded; beneath it the two mute shoes and the discarded socks.

The man himself lay in the bed.

For a long while we just stood there, looking down at the profound and fleshless grin. The body had apparently once lain in the attitude of an embrace, but now the long sleep that outlasts love, that conquers even the grimace of love, had cuckolded him. What was left of him, rotted beneath what was left of the nightshirt, had become inextricable from the bed in which he lay; and upon him and upon the pillow beside him lay that even coating of the patient and biding dust.

Then we noticed that in the second pillow was the indentation of a head. One of us lifted something from it, and leaning forward, that faint and invisible dust dry and acrid in the nostrils, we saw a long strand of iron-gray hair.

farbe, auf den rosa Lampenschirmen, auf dem Frisiertisch, auf dem zierlich geordneten Kristall und den Toilettengegenständen mit blindem Silberrücken; Herrenutensilien – und das Silber so blind, daß das Monogramm verblaßt war. Dazwischen lagen ein Kragen und ein Schlips, als wären sie eben abgelegt worden; sie ließen, als wir sie hochhoben, einen bleichen Halbmond im Staub der Fläche. Auf dem Stuhl lag sorgsam gefaltet der Anzug; darunter zwei stumme Schuhe und die ausgezogenen Socken.

Der Mann selber lag im Bett.

Lange standen wir bloß da und blickten hinab auf das tiefgründige, fleischlose Grinsen. Der Körper hatte offenbar einst in der Haltung einer liebenden Umarmung gelegen, aber jetzt hatte der lange Schlaf ihn überlistet, der die Liebe, der auch das Zerrbild der Liebe überdauert. Was von ihm übriggeblieben war, verweste unter den Resten des Nachthemds, war nicht mehr zu trennen von dem Bett, in welchem er lag; und auf ihm und auf dem Kissen neben ihm lag die gleichförmige Decke aus geduldigem, beharrlichem Staub.

Dann bemerkten wir, daß in das zweite Kissen ein Kopf eine Mulde gedrückt hatte. Einer von uns nahm etwas vom Kissen, und als wir uns vorwärts beugten und der feine, unsichtbare Staub trocken und beißend zu uns aufstieg, sahen wir, was es war: eine lange Strähne von eisengrauem Haar.

James Thurber

The Departure of Emma Inch

Emma Inch looked no different from any other middle-aged, thin woman you might glance at in the subway or deal with across the counter of some small store in a country town, and then forget forever. Her hair was drab and unabundant, her face made no impression on you, her voice I don't remember–it was just a voice. She came to us with a letter of recommendation from some acquaintance who knew that we were going to Martha's Vineyard for the summer and wanted a cook. We took her because there was nobody else, and she seemed all right. She had arrived at our hotel in Forty-fifth Street the day before we were going to leave and we got her a room for the night, because she lived way uptown somewhere. She said she really ought to go back and give up her room, but I told her I'd fix that.

Emma Inch had a big scuffed brown suitcase with her, and a Boston bull terrier. His name was Feely. Feely was seventeen years old and he grumbled and growled and snuffled all the time, but we needed a cook and we agreed to take Feely along with Emma Inch, if she would take care of him and keep him out of the way. It turned out to be easy to keep Feely out of the way because he would lie grousing anywhere Emma put him until she came and picked him up again. I never saw him walk. Emma had owned him, she said, since he was a pup. He was all she had

James Thurber
Die Abreise von Emma Inch

Emma Inch sah nicht anders aus als jede andere magere Frau mittleren Alters, die man in der Untergrundbahn sieht, mit der man über dem Ladentisch eines kleinen Geschäftes in einer Landstadt zu tun hat, und die man dann für immer vergißt. Ihr Haar war graubraun und spärlich, ihr Gesicht machte einem keinen Eindruck, an ihre Stimme erinnere ich mich nicht – es war eben eine Stimme. Sie kam zu uns mit einem Empfehlungsbrief von einem Bekannten, der wußte, daß wir für den Sommer auf Marthas Weinberg gingen und eine Köchin brauchten. Wir nahmen sie, weil keine andere da war, und sie schien ganz ordentlich. Sie war am Tage, ehe wir abreisen wollten, in unser Hotel in der Fünfundvierzigsten Straße gekommen, und wir nahmen ihr ein Zimmer für die Nacht, weil sie irgendwo weit stadtauswärts wohnte. Sie sagte, sie müsse unbedingt zurückgehen und ihr Zimmer aufgeben, aber ich sagte ihr, ich würde das erledigen.

Emma Inch hatte einen großen abgenutzten braunen Koffer bei sich und einen Bostoner Bullterrier. Sein Name war Feely. Feely war siebzehn Jahre alt, und er brummte und knurrte und schnaubte die ganze Zeit, aber wir brauchten eine Köchin und waren einverstanden, Feely mit Emma Inch in Kauf zu nehmen, wenn sie ihn selbst versorgen und ihn uns aus dem Wege halten würde. Es stellte sich heraus, daß es leicht war, Feely aus dem Weg zu halten, denn er blieb leise knurrend liegen, wo Emma ihn hingelegt hatte, bis sie kam und ihn wieder aufnahm. Ich sah ihn niemals laufen. Emma besaß ihn, seit er ein junges Hündchen war, sagte sie. Er war alles, was sie auf der

in the world, she told us, with a mist in her eyes. I felt embarrassed but not touched. I didn't see how anybody could love Feely.

I didn't lose any sleep about Emma Inch and Feely the night of the day they arrived, but my wife did. She told me next morning that she had lain awake a long time thinking about the cook and her dog, because she felt kind of funny about them. She didn't know why. She just had a feeling that they were kind of funny. When we were all ready to leave–it was about three o'clock in the afternoon, for we had kept putting off the packing–I phoned Emma's room, but she didn't answer. It was getting late and we felt nervous–the Fall River boat would sail in about two hours. We couldn't understand why we hadn't heard anything from Emma and Feely. It wasn't until four o'clock that we did. There was a small rap on the door of our bedroom and I opened it and Emma and Feely were there, Feely in her arms, snuffing and snaffling, as if he had been swimming a long way.

My wife told Emma to get her bag packed, we were leaving in a little while. Emma said her bag *was* packed, except for her electric fan, and she couldn't get that in. "You won't need an electric fan at the Vineyard," my wife told her. "It's cool there, even during the day, and it's almost cold at night. Besides, there is no electricity in the cottage we are going to." Emma Inch seemed distressed. She studied my wife's face. "I'll have to think of something else then," she said. "Mebbe I could let the water run all night." We both sat down and looked at her. Feely's asthmatic noises were the only sounds in the room for a while.
130 "Doesn't that dog ever stop that?" I asked, irritably.
131 "Oh, he's just talking." said Emma. "He talks all the

Welt besaß, erzählte sie uns mit feuchten Augen. Ich war verlegen, aber nicht gerührt, denn ich sah nicht ein, wie ein Mensch Feely lieben konnte.

Mir raubten Emma Inch und Feely in der Nacht des Tages, an dem sie ankamen, keinen Schlaf, wohl aber meiner Frau. Sie sagte mir am nächsten Morgen, daß sie lange wach gelegen und über die Köchin und ihren Hund nachgedacht habe, weil sie ihr so ein sonderbares Gefühl einflößten. Sie wußte nicht warum. Sie hatte bloß das Gefühl, daß sie irgendwie komisch seien. Als wir alle bereit waren, abzureisen – es war gegen drei Uhr nachmittags, denn wir hatten das Packen immer wieder aufgeschoben – rief ich in Emmas Zimmer an, aber sie antwortete nicht. Es wurde spät und wir wurden nervös – das Schiff nach Fall River sollte in etwa zwei Stunden abgehen. Wir konnten nicht verstehen, warum wir nichts von Emma und Feely gehört hatten. Dies geschah erst gegen vier. Es klopfte leise an unserer Schlafzimmertür; ich öffnete sie, und Emma und Feely waren da, Feely in ihren Armen, schnüffelnd und schnaufend, als wäre er einen langen Weg geschwommen.

Meine Frau sagte zu Emma, sie solle ihren Koffer packen, wir müßten in einer kleinen Weile fort. Emma sagte, ihr Koffer sei gepackt, bis auf ihren elektrischen Ventilator, den sie nicht hineinkriegen könne. «Sie werden auf dem Weinberg keinen elektrischen Ventilator brauchen», sagte meine Frau zu ihr. «Es ist kühl dort, sogar tagsüber, und nachts ist es fast kalt. Außerdem ist keine Elektrizität in dem Häuschen, in dem wir wohnen werden.» Emma Inch schien betrübt. Sie studierte das Gesicht meiner Frau. «Dann muß ich mir etwas anderes ausdenken», sagte sie. «Vielleicht könnte ich die ganze Nacht das Wasser laufen lassen.» Wir setzten uns beide hin und sahen sie an. Feelys asthmatische Geräusche waren das einzige, was eine Weile im Zimmer zu hören war. «Hört denn der Hund nie damit auf?» fragte ich nervös. «Oh, er redet doch nur», sagte Emma. «Er redet die ganze Zeit, aber ich werde

time, but I'll keep him in my room and he won't bother you none." "Doesn't he bother you?" I asked. "He *would* bother me," said Emma, "at night, but I put the electric fan on and keep the light burning. He don't make so much noise when it's light, because he don't snore. The fan kind of keeps me from noticing him. I put a piece of cardboard, like, where the fan hits it and then I don't notice Feely so much. Mebbe I could let the water run in my room all night instead of the fan." I said "Hmmm" and got up and mixed a drink for my wife and me – we had decided not to have one till we got on the boat, but I thought we'd better have one now. My wife didn't tell Emma there would be no running water in her room at the Vineyard.

"We've been worried about you, Emma," I said. "I phoned your room but you didn't answer." "I never answer the phone," said Emma, "because I always get a shock. I wasn't there anyways. I couldn't sleep in that room. I went back to Mrs. McCoy's on Seventy-eighth Street." I lowered my glass. "You went back to Seventy-eighth Street last *night?*" I demanded. "Yes, sir," she said. "I had to tell Mrs. McCoy I was going away and wouldn't be there any more for a while–Mrs. McCoy's the landlady. Anyways, I never sleep in a hotel." She looked around the room. "They burn down," she told us.

It came out that Emma Inch had not only gone back to Seventy-eighth Street the night before but had walked all the way, carrying Feely. It had taken her an hour or two, because Feely didn't like to be carried very far at a time, so she had had to stop every block
132 or so and put him down on the sidewalk for a while.
133 It had taken her just as long to walk back to our

ihn in meinem Zimmer behalten, und er wird Sie überhaupt nicht stören.» «Stört er Sie denn nicht?» fragte ich. «Er würde mich stören», sagte Emma, «nachts, aber ich lasse den elektrischen Ventilator laufen und das Licht brennen. Wenn es hell ist, macht Feely nicht so viel Lärm, weil er dann nicht schnarcht. Und der Ventilator hält mich sozusagen davon ab, ihn zu hören. Ich bring' ein Stück Pappe an, daß er dran streift, dann merke ich Feely nicht so sehr. Vielleicht könnte ich in meinem Zimmer die ganze Nacht das Wasser laufen lassen, statt des Ventilators.» Ich sagte «Hm» und stand auf und mischte einen Whisky Soda für meine Frau und mich – wir hatten beschlossen, keinen mehr zu trinken, ehe wir an Bord gingen; aber ich hielt es für besser, jetzt einen zu trinken. Meine Frau sagte Emma nicht, daß auf dem Weinberg kein fließendes Wasser in ihrem Zimmer sein würde.

«Wir haben uns um Sie gesorgt, Emma», sagte ich. «Ich habe in Ihrem Zimmer angerufen, aber Sie haben nicht geantwortet.» «Ich geh' nie zum Telefon», sagte Emma, «weil es mich immer erschreckt. Außerdem war ich nicht da. Ich konnte in dem Zimmer nicht schlafen. Ich ging wieder zu Mrs. McCoy in die Achtundsiebzigste Straße.» Ich ließ mein Glas sinken. «Sie sind gestern abend in die Achtundsiebzigste Straße zurückgegangen?» «Ja, Sir», sagte sie. «Ich mußte doch Mrs. McCoy sagen, daß ich verreisen und eine Zeitlang nicht hier sein werde – Mrs. McCoy ist die Vermieterin. Außerdem schlafe ich nie in einem Hotel.» Sie sah sich im Zimmer um. «Die brennen nieder», erklärte sie uns.

Es kam heraus, daß Emma Inch nachts zuvor nicht nur zur Achtundsiebzigsten Straße zurückgekehrt, sondern auch den ganzen Weg zu Fuß gegangen war und dabei Feely getragen hatte. Sie hatte ein oder zwei Stunden dazu gebraucht, weil Feely sich nicht gern eine weite Strecke auf einmal tragen ließ, deshalb hatte sie an so ziemlich jedem Block stehen bleiben und ihn ein Weilchen auf dem Bürgersteig absetzen müssen. Genau

hotel, too; Feely, it seems, never got up before afternoon–that's why she was so late. She was sorry. My wife and I finished our drinks, looking at each other, and at Feely.

Emma Inch didn't like the idea of riding to Pier 14 in a taxi, but after ten minutes of cajoling and pleading she finally got in. "Make it go slow," she said. We had enough time, so I asked the driver to take it easy. Emma kept getting to her feet and I kept pulling her back onto the seat. "I never been in an automobile before," she said. "It goes awful fast." Now and then she gave a little squeal of fright. The driver turned his head and grinned. "You're O.K. wit' me, lady," he said. Feely growled at him. Emma waited until he had turned away again, and then she leaned over to my wife and whispered. "They all take cocaine," she said. Feely began to make a new sound – a kind of high, agonized yelp. "He's singing," said Emma. She gave a strange little giggle, but the expression of her face didn't change. "I wish you had put the Scotch where we could get at it," said my wife.

If Emma Inch had been afraid of the taxicab, she was terrified by the *Priscilla* of the Fall River Line. "I don't think I can go," said Emma. "I don't think I could get on a boat. I didn't know they were so big." She stood rooted to the pier, clasping Feely. She must have squeezed him too hard, for he screamed – he screamed like a woman. We all jumped. "It's his ears," said Emma. "His ears hurt." We finally got her on the boat, and once aboard, in the saloon, her terror abated somewhat. Then the three parting blasts of the boat whistle rocked lower Manhattan. Emma
134 Inch leaped to her feet and began to run, letting go
135 of her suitcase (which she had refused to give up to

so lange hatte sie gebraucht, um zu unserm Hotel zurückzukommen; Feely stand anscheinend nie vor Nachmittag auf – deshalb war es so spät geworden. Es tat ihr leid. Meine Frau und ich tranken aus, blickten uns an und – blickten Feely an.

Der Gedanke, in einem Taxi zum Pier 14 zu fahren, war Emma nicht angenehm, aber nach zehn Minuten Zureden und Bitten stieg sie schließlich ein. «Lassen Sie langsam fahren», sagte sie. Wir hatten genug Zeit, und so sagte ich dem Fahrer, er könne sich Zeit lassen. Emma sprang immer wieder auf und ich zog sie immer wieder zurück auf ihren Sitz. «Ich bin noch nie in einem Automobil gefahren», sagte sie, «es fährt schrecklich schnell.» Ab und zu stieß sie einen kleinen Angstschrei aus. Der Fahrer wandte den Kopf und grinste. «Frollein, bei mir sind sie Okay», sagte er. Feely knurrte ihn an. Emma wartete, bis er sich wieder abgewandt hatte, dann beugte sie sich vor zu meiner Frau und flüsterte. «Die nehmen alle Kokain», sagte sie. Feely machte ein neues Geräusch – eine Art hohes, gequältes Kläffen. «Er singt», sagte Emma. Sie gab ein sonderbares leises Gekicher von sich, der Ausdruck ihres Gesichtes aber änderte sich nicht. «Ich wünschte, du hättest den Whisky so eingepackt, daß wir 'ran könnten», sagte meine Frau.

Wenn Emma Inch vor dem Taxi Angst gehabt hatte, so war sie von der «Priscilla» der Fall River Linie entsetzt. «Ich glaube nicht, daß ich mit kann», sagte Emma, «ich glaube nicht, daß ich auf ein Schiff gehen kann. Ich wußte nicht, daß sie so groß sind.» Sie stand festgewurzelt auf dem Pier, Feely unter den Arm geklemmt. Sie drückte ihn wohl zu fest, denn er kreischte auf – er kreischte wie eine Frau. Wir fuhren alle in die Höhe. «Es sind seine Ohren», sagte Emma. «Die Ohren tun ihm weh.» Endlich brachten wir sie auf das Schiff; und einmal an Bord und im Salon, legte sich ihr Schrecken ein wenig. Dann erschütterten die drei Abfahrtssignale der Schiffssirene das untere Manhattan. Emma Inch sprang auf die Füße und fing an zu rennen – ihren Koffer ließ sie fallen (sie hatte sich gewei-

a porter) but holding onto Feely. I caught her just as she reached the gangplank. The ship was on its way when I let go of her arm.

It was a long time before I could get Emma to go to her stateroom, but she went at last. It was an inside stateroom, and she didn't seem to mind it. I think she was surprised to find that it was like a room, and had a bed and a chair and a washbowl. She put Feely down on the floor. "I think you'll have to do something about the dog," I said. "I think they put them somewhere and you get them when you get off." "No, they don't," said Emma. I guess, in this case, they didn't. I don't know. I shut the door on Emma Inch and Feely, and went away. My wife was drinking straight Scotch when I got to our stateroom.

The next morning, cold and early, we got Emma and Feely off the *Priscilla* at Fall River and over to New Bedford in a taxi and onto the little boat for Martha's Vineyard. Each move was as difficult as getting a combative drunken man out of the night club in which he fancies he has been insulted. Emma sat in a chair on the Vineyard boat, as far away from sight of the water as she could get, and closed her eyes and held Feely. She had thrown a coat over Feely not only to keep him warm but to prevent any of the ship's officers from taking him away from her. I went in from the deck at intervals to see how she was. She was all right, or at least all right for her, until five minutes before the boat reached the dock at Woods Hole, the only stop between New Bedford and the Vineyard. Then Feely got sick. Or at
136 any rate Emma said he was sick. He didn't seem to
137 me any different from what he always was–his

gert, ihn einem Träger zu geben), aber Feely hielt sie fest. Ich erwischte sie gerade noch, als sie die Laufplanke erreichte. Das Schiff war schon in Fahrt, als ich ihren Arm losließ.

Es dauerte lange, bis ich Emma dazu brachte, in ihre Kabine zu gehen, aber endlich ging sie. Es war ein nach innen gelegener Raum, aber das schien sie nicht übel zu nehmen. Ich glaube, sie war überrascht, daß er wie ein Zimmer war und ein Bett und einen Stuhl und ein Waschbecken enthielt. Sie setzte Feely herunter auf den Fußboden. «Ich denke, Sie müssen etwas unternehmen wegen des Hundes», sagte ich. «Ich glaube, man sperrt die Hunde irgendwo ein und Sie bekommen ihn wieder, wenn Sie aussteigen.» «Nein, das tut man nicht», sagte Emma. Ich glaube, in diesem Fall tat man es wirklich nicht. Ich weiß es nicht. Ich schloß die Tür hinter Emma Inch und Feely und ging meiner Wege. Meine Frau trank unverdünnten Whisky, als ich in unsere Kabine kam.

Am nächsten Morgen – es war früh und kalt – schafften wir Emma und Feely in Fall River von der «Priscilla» herunter und brachten sie in einem Taxi nach New Bedford und auf den kleinen Dampfer, der nach Marthas Weinberg fuhr. Jeder Schritt war so mühselig, als schaffte man einen rauflustigen Betrunkenen aus dem Nachtklub heraus, in dem er sich einbildet beleidigt worden zu sein. Emma saß in dem Dampfer zum Weinberg auf einem Stuhl, so weit außer Sicht des Wassers wie nur möglich, schloß die Augen und hielt Feely umklammert. Sie hatte einen Mantel über Feely geworfen, nicht nur um ihn warm zu halten, sondern auch um zu verhindern, daß einer der Schiffsoffiziere ihn ihr wegnähme. Ich ging von Zeit zu Zeit vom Deck hinein, um nach ihrem Befinden zu sehen. Ihr ging es gut, oder wenigstens für ihre Verhältnisse gut, bis fünf Minuten, ehe das Boot das Dock von Woods Hole erreichte, die einzige Anlegestelle zwischen New Bedford und dem Weinberg. Dann wurde Feely krank. Oder jedenfalls sagte Emma, er sei krank. Mir kam er nicht anders vor als er sonst war –

breathing was just as abnormal and irregular. But Emma said he was sick. There were tears in her eyes. "He's a very sick dog, Mr. Thurman," she said. "I'll have to take him home." I knew by the way she said "home" what she meant. She meant Seventy-eighth Street.

The boat tied up at Woods Hole and was motionless and we could hear the racket of the deckhands on the dock loading freight. "I'll get off here," said Emma, firmly, or with more firmness, anyway, than she had shown yet. I explained to her that we would be home in half an hour, that everything would be fine then, everything would be wonderful. I said Feely would be a new dog. I told her people sent sick dogs to Martha's Vineyard to be cured. But it was no good. "I'll have to take him off here," said Emma. "I always have to take him home when he is sick." I talked to her eloquently about the loveliness of Martha's Vineyard and the nice houses and the nice people and the wonderful accommodations for dogs. But I knew it was useless. I could tell by looking at her. She was going to get off the boat at Woods Hole.

"You really can't do this," I said, grimly, shaking her arm. Feely snarled weakly. "You haven't any money and you don't know where you are. You're a long way from New York. Nobody ever got from Woods Hole to New York alone." She didn't seem to hear me. She began walking toward the stairs leading to the gangplank, crooning to Feely. "You'll have to go all the way back on boats," I said, "or else take a train, and you haven't any money. If you are going to be so stupid and leave us now, I can't give you any money." "I don't want any money, Mr. Thurman," she said. "I haven't earned any money." I walked

sein Atem war genau so unnatürlich und unregelmäßig. Aber Emma sagte, er sei krank. Sie hatte Tränen in den Augen. «Er ist ein sehr kranker Hund, Mr. Thurman», sagte sie. «Ich muß ihn nachhause bringen.» Die Art, wie sie «nachhause» sagte, machte mir klar, was sie meinte. Sie meinte ‹Achtundsiebzigste Straße›.

Das Boot legte bei Woods Hole an und lag ganz still, und wir konnten den Lärm der Deckarbeiter hören, die die Fracht einluden. «Ich werde hier aussteigen», sagte Emma fest – oder wenigstens mit mehr Festigkeit, als sie bisher gezeigt hatte. Ich erklärte ihr, daß wir in einer halben Stunde zuhause wären, daß nachher alles sehr schön, alles wundervoll sein würde. Feely würde geradezu ein neuer Hund werden. Ich sagte ihr, die Leute schickten kranke Hunde nach Marthas Weinberg, um sie auszuheilen. Aber es half nichts. «Ich muß ihn hier wegbringen», sagte Emma. «Ich muß ihn immer nachhause bringen, wenn er krank ist.» Ich sprach ihr beredt von der Lieblichkeit des ‹Weinbergs›, von den hübschen Häusern und den netten Leuten, und wie wunderbar man dort Hunde unterbringen könne. Aber ich wußte, es war nutzlos. Man brauchte sie nur anzusehen. Sie würde in Woods Hole von Bord gehen.

«Aber nein, das können Sie nicht», sagte ich grimmig und schüttelte sie am Arm. Feely knurrte schwach. «Sie haben kein Geld, und Sie wissen nicht, wo Sie sind. Sie sind weit weg von New York. Kein Mensch ist je allein von Woods Hole nach New York gelangt.» Sie schien mich nicht zu hören. Sie begann auf die Stufen zuzugehen, die zur Gangway führten, und sprach dabei zärtlich klagend auf Feely ein. «Sie müssen den ganzen Weg per Schiff zurück», sagte ich, «oder aber mit dem Zug, und Sie haben kein Geld. Wenn Sie so dumm sind und uns jetzt im Stich lassen, kann ich Ihnen kein Geld geben.» «Ich möchte kein Geld, Mr. Thurman», sagte sie. «Ich habe kein Geld verdient.» In gereiztem Schweigen ging ich ein Stück

along in irritable silence for a moment; then I gave her some money. I made her take it. We got to the gangplank. Feely snaffled and gurgled. I saw now that his eyes were a little red and moist. I know it would do no good to summon my wife–not when Feely's health was at stake. "How do you expect to get home from here?" I almost shouted at Emma Inch as she moved down the gangplank. "You're way out on the end of Massachusetts." She stopped and turned around. "We'll walk," she said. "We like to walk, Feely and me." I just stood still and watched her go.

When I went up on deck, the boat was clearing for the Vineyard. "How's everything?" asked my wife. I waved a hand in the direction of the dock. Emma Inch was standing there, her suitcase at her feet, her dog under one arm, waving good-bye to us with her free hand. I had never seen her smile before, but she was smiling now.

weiter, dann gab ich ihr etwas Geld. Ich drängte es ihr auf. Wir gingen zur Gangway. Feely schnaufte und gurgelte. Ich sah jetzt, daß seine Augen ein bißchen rot und feucht waren. Ich wußte, es hatte keinen Sinn, meine Frau zu Hilfe zu rufen – nicht, wenn Feelys Gesundheit auf dem Spiel stand. «Wie wollen Sie denn von hier aus nachhause kommen?» schrie ich Emma Inch fast an, als sie die Gangway hinunterging. «Sie sind am äußersten Ende von Massachusetts.» Sie blieb stehen und wandte sich um. «Wir werden zu Fuß gehen», sagte sie. «Wir gehen gern zu Fuß, Feely und ich.» Ich stand da und sah ihr nach.

Als ich aufs Deck ging, machte das Schiff klar zur Weiterfahrt nach dem Weinberg. «Nun, wie steht's?» fragte meine Frau. Ich deutete mit der Hand zum Dock hinüber. Dort stand Emma Inch, den Koffer zu ihren Füßen, den Hund unter einem Arm, und winkte uns mit ihrer freien Hand Lebewohl zu. Ich hatte sie vorher niemals lächeln sehen, aber jetzt lächelte sie.

Englisch-deutsche Bände der Reihe dtv zweisprachig (Stand Sommer 1982)

Ambrose Bierce: Ein Vorfall an der Eulenfluß-Brücke und andere Erzählungen. – 9157

Ambrose Bierce: Aus dem Wörterbuch des Teufels. – 9183

Lord Byron: Ein Selbstbildnis aus Briefen, Tagebüchern und Gedichten. – 9147

Raymond Chandler: Gesteuertes Spiel. Kriminalnovelle. – 9125

Agatha Christie: Hercule Poirot, Miss Marple und ... (3 Fälle). – 9118

Joseph Conrad: Jugend: Ein Bericht. – 9143

Charles Dickens: Zur Strecke gebracht und andere Erzählungen. – 9158

Charles Dickens: Die zwei Erzählungen des Handlungsreisenden. Illustriert. – 9012

Ernest Hemingway: Väter und Söhne. Kurzgeschichten. – 9171

Aldous Huxley: Erholsame Tage. Erzählung. – 9175

Jack London: Was einen nicht losläßt. Erzählungen. – 9179

Herman Melville: Bartleby der Schreiber. Erzählung. – 9173

George Orwell: Die Engländer. – 9017

Edgar Allan Poe: Der Goldkäfer. Der Fall des Hauses Ascher. Erzählungen. – 9114

Robert Sheckley: Endlich allein und andere SF-Erzählungen. – 9188

J. R. R. Tolkien: Die Geschichte vom Bauern Giles und dem Drachen Illustriert. – 9073

Mark Twain: Sechs erstaunliche Kurzgeschichten. – 9035

Oscar Wilde: Lord Arthur Saviles Verbrechen. – 9048

Oscar Wilde: Das Gespenst von Canterville. Illustriert – 9110

P. G. Wodehouse: Jeeves übernimmt das Ruder. Drei Erzählungen. – 9154

Klassische amerikanische Kurzgeschichten. Harte, London, Hawthorne, Poe, Melville, Mark Twain. – 9006

Amerikanische Kurzgeschichten (1). Anderson, Wilder, Saroyan, Steinbeck, Caldwell, Faulkner, Thurber. – 9003

Amerikanische Kurzgeschichten (2). Wilbur, Cain, McCullers, Enright, Capote. – 9011

Englische Kurzgeschichten (2). Bates, Monsarrat, Taylor, Wilson, Thomas, Baron, Kneale. – 9043

Moderne englische Kurzgeschichten. Saki, Woolf, Maugham, Huxley, Waugh, Pritchett. – 9022

Irische Erzählungen. Carleton, Corkery, Moore, O'Kelly, Somerville & Ross. – 9145

Irische Kurzgeschichten. Lord Dunsany, MacManus, McMahon, O'Connor, O'Faolain, O'Flaherty, Sheehy. – 9120

Großes Kurzgeschichten-Buch (1). Capote, Faulkner, Goyen, Hemingway, Huxley, Joyce, McCullers, Mansfield, Maugham, O'Faolain, Page, Saroyan, Spettigue, Steinbeck, Thomas, Woolf. – 9163

Großes Kurzgeschichten-Buch (2). Bierce, Carleton, Crane, Dickens, Dunsany, Hawthorne, Henry, Kipling, London, Melville, Poe, Saki, Stevenson, Mark Twain, Wilde. – 9170

Klassische Wildwestgeschichten. Adams, Crane, Harte, Henry, Russell, White. – 9165

Englische Kriminalgeschichten. Edgar Wallace, Agatha Christi Dorothy Sayers. – 9029

Englische Gespenstergeschichten. – 9177

Englische Gedichte. Von der Vor-Shakespeare-Zeit bis zur Gegenwart. – 9181

Englische Märchen. Illustriert. – 9008

Englische Sprichwörter. Illustriert. – 9132

Englische Witze. – 9159

Deutsch-englische Bände der Reihe

Johann Wolfgang Goethe: West-östlicher Divan. – 9149

Erich Kästner: Aus seiner kleinen Versfabrik. – 9115

Kurt Tucholsky: Kleines Lesebuch. – 9130

Deutsche Erzählungen (1). Andersch, Bachmann, Böll, Grass, Lenz Schnurre, Wohmann. – 9097

Deutsche Erzählungen (2). Doderer, Hofmannsthal, Kafka, Musi Rilke, Roth, Schnitzler. – 9128

Deutsche Erzählungen (3). Andres, Bergengruen, Brecht, Canett Döblin, Ernst, Hesse, Mann, Zuckmayer. – 9185